Ben Redelings

Borussia-Album

Unvergessliche Sprüche, Fotos, Anekdoten rund um Borussia Mönchengladbach

Bildnachweis

dpa: S. 57.

Horstmüller: S. 4 (3), 7 (u.), 8 (o.), 10 (o.), 13, 15, 18 (o.), 19, 23 (u.), 27, 30 (o.), 31 (u.), 32 (u.), 33, 37, 43 (u.), 44 (o.), 45 (o.), 46 (u.), 47, 48, 49, 54, 63, 64 (u.), 68 (u.), 69 (u.), 71 (o.), 72 (o.), 73 (o.), 77 (u.), 79, 80, 81 (u.), 88 (o.), 90 (2), 91, 92 (o.), 93 (o.), 95 (o.), 101, 105, 106, 108 (o.), 112 (o.), 113, 114, 123, 124 (u.), 128, 129, 138, 142, 151, 155, 157.

Imago: S. 1, 11 (m.), 14, 17 (u.), 25, 56 (u.), 58, 59, 61, 64 (o.), 74, 75, 76 (o.), 82 (u.), 83, 87, 102 (u.), 107 (o.), 109, 110 (u.), 115, 117, 119, 121 (l.), 126, 134, 139, 143 (o.), 154 (o.), Cover (3).

Bodo Krüger: 56 (o.).

Przemek Niciejewski: 34 (u.).

Ein besonderer Dank geht an Günter Strysio für die Fundstücke aus seiner Sammlung!

Nicht in allen Fällen konnte die Urheberschaft an den Fotos ermittelt werden. Der Verlag bittet um entsprechende Hinweise, um berechtigte Ansprüche abzugelten.

Bibliografische Information der Deutschen Nationalbibliothek:
Die Deutsche Nationalbibliothek verzeichnet diese Publikation in der Deutschen Nationalbibliografie; detaillierte bibliografische Daten sind im Internet über http://dnb.d-nb.de abrufbar.

2., aktualisierte Auflage 2016

Lotzestraße 22a, D-37083 Göttingen
www.werkstatt-verlag.de

Satz und Gestaltung: Christine Rölke, Verlag Die Werkstatt
Druck und Bindung: Grafisches Centrum Cuno, Calbe

ISBN 978-3-7307-0107-2

Ben Redelings

Borussia Album

Unvergessliche Sprüche, Fotos, Anekdoten rund um Borussia Mönchengladbach

VERLAG DIE WERKSTATT

Spielerbetreuerin Elisabeth Brückmann (»Tante Titti«) 1972 mit Dietmar Danner, Rainer Bonhof, Hund Schelm und Hans-Jürgen Wloka (v. l.)

»Ende der 60er, Anfang der 70er Jahre waren wir Mönchengladbacher in der Bundesliga das **Real Madrid**. Die Bayern waren wie immer die Bayern.«

(Günter Netzer)

»Ich fühle mich fast wie in Österreich. Es gibt viele Berge: den **Bökelberg**, dann war der **Effenberg** hier. Unser Trainingsplatz heißt **Alm**, unser Trainer Rausch. Also **Almrausch**.«

(Toni Polster)

»Bei der Borussia kommen zu unserem Training mehr Fans als in Wolfsburg zu Bundesligaspielen.«

(Mike Hanke)

Mönchengladbachs Oberbürgermeister Wachtendonk schätzt die Lage in seiner Stadt realistisch ein:

»Von 100 Gladbachern kennen 80 Netzer und nur 20 mich.«

»Den schönsten Fußball spielen sie seit eh und je am Bökelberg. Da haben sich die **Philharmoniker** Fußballtrikots übergezogen.«

(Max Merkel)

»Immer, wenn ich breit bin, werde ich spitz.«

(Wolfram Wuttke)

»Wenn ich den Martin Schneider weiter aufstelle, glauben die Leute am Ende wirklich noch, ich sei schwul.«

(Friedel Rausch über Martin Schneider)

»Ich bin Optimist. Sogar meine Blutgruppe ist positiv.«

(Toni Polster)

»Auch Kluge.«

(Gladbachs Nachwuchsspieler Peer Kluge auf die Frage, wie seine Eltern heißen)

»Ich werde mir Mühe geben und ab jetzt versuchen, nur noch sympathisch zu grätschen.«

(Jeff Strasser)

»Beim Pflipsen muss man damit rechnen, dass er Dinge macht, mit denen man nicht rechnet.«

(Christian Beeck über Karl-Heinz Pflipsen)

Starschnitt
Uwe Kamps

Und da sage noch einer, in der Bundesliga gebe es keinen Humor: Bei der Gladbacher Weihnachtsfeier bekommt der in München-Milbertshofen geborene Bayer Thomas Kastenmaier ein Deutsch-Wörterbuch geschenkt. Und Torhüter **Uwe Kamps** darf sich über einen Besen und ein Fernrohr freuen. Ex-Manager Helmut Grashoff schmunzelnd: »Lieber Uwe, mit dem Besen kannst du endlich deinen **Strafraum sauber halten.** Und das Fernrohr soll dir helfen, **gegnerische Flanken rechtzeitig zu erkennen.**«

»Wie heißt es so schön: Links ist cool, rechts ist schwul! – Und der Uwe Kamps trägt seinen Brilli im Ohr – äääh – oh – auf der rechten Seite – na ja …«

(Werner Hansch über Uwe Kamps)

Uwe Kamps mit Sabine und Tochter Janina 1994 auf der Trabrennbahn in Mönchengladbach

Starschnitt

Wolfgang Kleff

Sie nennen ihn »Otto«, weil er aussieht wie der Komiker mit dem Nachnamen Waalkes. Aber Wolfgang Kleff wäre auch ohne sein Aussehen ein Original der Bundesliga geworden. Herrlich seine Schilderung von einem Tor beim Spiel seiner Gladbacher in Köln. Die Partie endet vor 46.000 Zuschauern mit 3:0 für den FC, und dennoch hat Wolfgang Kleff seinen Spaß: **»Der Pierre Littbarski kommt von halbrechts. Ich geh ein bisschen raus, gar nicht mal so weit, will den Winkel verkürzen. Der sieht das, geht unterm Ball und erwischt mich. Und der Ball fliegt, wirklich, lange Ecke. Als der unterwegs war, wusste ich schon, der geht rein. Da kannst du eine Leiter in der Tasche haben. Da habe ich dagestanden, der Ball war noch nicht drin – und habe geklatscht.«**

Als Otto-Waalkes-Double:
»Hätten die mich Didi Hallervorden gerufen, wäre das was anderes gewesen.«

»Verhüten ist das Leben des Wolfgang Kleff. Früher als Torwart und heute für die AIDS-Hilfe.«
(Moderator Frank Buschmann)

»Wenn die im gegnerischen Stadion mal wieder ›Otto, du bist nervös‹ riefen, hab ich dagestanden und mit dem ganzen Körper gezittert, den Kopf hin und her und die Hände wackeln lassen. Dann hatte ich sie.«

Nach einer Klatsche wird er gefragt, wie er sich denn fühle. Und Kleff antwortet in seiner ganz eigenen, hintersinnigen, fein ironischen Art: **»Gut. Aber nur als Mensch. Als Torwart fühle ich mich natürlich eher schlecht!«**

»Es waren immer die kleinen Gesten, die meinen Kontakt zu den Leuten ausmachten. Sich 90 Minuten zu konzentrieren, da tränen einem ja die Augen.«

Wenn sich zwei alte Fahrensmänner der Bundesliga begegnen, ist der Flachs nicht weit. Nach dem Spiel Nürnberg gegen Gladbach sagt Wolfgang Kleff zu Georg Volkert: ***»Schorsch, du hast ja so gewirbelt, dass ich Angst bekam, du könntest einen Herzinfarkt bekommen.«*** *Volkert:* ***»Wolfgang, ich wollte dir unbedingt noch einen reintun, bevor ich mich ins Altersheim zurückziehe.«***

In Mönchengladbach fühlt sich Torwart Wolfgang Kleff nach einem Zehenbruch wieder besser: **»Ich nähere mich schon meiner alten Form und lass im Training nur jeden dritten Ball ins Tor. Das war früher auch nicht anders. Jetzt fällt es nur mehr auf, weil die Stürmer weniger schießen!«**

»Deutsches Essen ist gut – in einem argentinischen Restaurant.«

(Igor Belanow)

Belanow mit Frau und Kind

»Gegen Schweden habt ihr keine Chance!«

(Riefen die Zuschauer 1995, als Schalke durch Tore von Dahlin und Pettersson mit 4:1 geschlagen wurde.)

»Ich kehre nur dann noch einmal auf die Trainerbank zurück, wenn der FC Barcelona anruft und mich Otto Rehhagel vorlässt.«

(Hans Meyer im Jahr 2011)

»Beim Berti lernen sogar friedliche Schildkröten schnell, was eine Beinschere ist.«

(Max Merkel über Berti Vogts)

»Abschlusstraining ist wie Schwangerschaftsgymnastik.«

(Rolf Rüssmann)

»Ich will Kotelett und kein Ingwer.«

(Jörg Neun)

Starschnitt
Granit Xhaka

»Ich kenne **Jamaika** nicht. Aber wir wissen ja, dass **Afrikaner viel laufen** und physisch sehr stark sind.«

(Granit Xhaka)

»Lucien Favre ist ein Freak.«

(Granit Xhaka)

»Wenn uns Schalke noch **überholt**, höre ich mit dem Fußball auf.«

(Granit Xhaka, kurz bevor die Mannschaft 2014/15 einen CL-Platz erreichte)

»Die beste **Entscheidung**, die er treffen konnte.«

(Granit Xhaka, nachdem ihn Trainer André Schubert zum Kapitän ernannt hatte)

Frage an Toni Polster: »Wohin würdest du mit einer Zeitmaschine reisen?« Polster: **»Ich würde zurück ins Paradies, den guten alten Adam weggrätschen, Eva den Apfel aus der Hand reißen und so allen Menschen das Paradies öffnen.«**

»Das natürliche Durstgefühl bekämpft man am besten mit warmem Kaffee oder Tee. Kalte Getränke und Limonaden sind für den Magen schädlich und verlangen noch mehr Flüssigkeitszufuhr, die das vom Wettkampf angespannte Herz noch mehr belastet.« *(Hennes Weisweiler)*

»Ich will später noch eine Familie gründen. So bin ich auf der sicheren Seite.«

(Marcell Jansen auf die Frage eines Kindes, warum er sich bei einem Freistoß immer die Hände unten herum vorhalte)

»Ein Lothar Matthäus hat es nicht nötig, von sich in der dritten Person zu sprechen.«

(Lothar Matthäus auf die Frage bei einer Pressekonferenz, warum er öfter von sich in der dritten Person spreche)

Frank Mill sagte einmal ganz körperbewusst: »Ich habe so ***dicke Waden****, dass ich die Schienbeinschoner nicht unter den Stutzen tragen kann. Der Hersteller ist seit Jahren nicht in der Lage, größere Stutzen anzufertigen. In die vorhandenen Dinger passen nur Fußballer rein, die* ***ihre Beine in Fanta-Flaschen baden*** *können.«*

Im Alter von 21 Jahren meint Lothar Matthäus über sich selbst: **»Ich bin ordentlich, meine Frau meint manchmal: pingelig. Früher habe ich auch gerne im Mittelpunkt gestanden, aber das hat sich gelegt, finde ich.«**

Frage an Udo Lattek: »Könnten Sie nicht auch nach einem verlorenen Spiel einmal Ihre grimmige Miene vergessen?« (Fritz Z., 8117 Fällanden/Schweiz)

Antwort: »Wenn Sie einen Riesenhunger haben, und jemand nimmt Ihnen Ihr Butterbrot und die Getränke weg, lachen Sie dann?«

Schiedsrichter

»Schiedsrichter kommt für mich nicht in Frage, schon eher etwas, das **mit Fußball** zu tun hat.«
(Lothar Matthäus auf die Frage, was er nach seiner Karriere plane)

»Ich hasse Schiedsrichter, ich könnte sie manchmal sogar umbringen.«
(Udo Lattek)

Hennes Weisweiler plädiert dafür, die Schiedsrichter finanziell besser auszustatten: **»Ich würde ihnen 500 Mark pro Spiel geben. Pfeift einer nur zweimal im Monat, wären das schon 1.000 Mark. Dann würde seine Frau auch weniger gegen dieses Hobby einwenden, weil für sie auch mal ein neues Kleidchen abfiele.«**

»Handkuss an die Frau Gemahlin!«
(Toni Polster zum Schiedsrichter und seinem von ihm gefoulten Gegenspieler nach einer Roten Karte)

1971: Alessandro Mazzola (l.) übergibt Schiedsrichter Jef Dorpmans die Cola-Dose, die angeblich den Mailänder Spieler Boninsegna getroffen hat.

Nicht alle Frauen lieben offensichtlich den schönen Günter: »Wäre ich doch nur ein Mann! Und wäre ich dann noch Schiedsrichter bei einem Spiel Mönchengladbachs mit Netzer! Meine erste Amtshandlung wäre, **Netzer einen Maulkorb umzuhängen!** Dann könnte er sich nicht ›mit mir anlegen‹, wäre vielleicht bald geheilt und lässt andere Schiedsrichter in Ruhe!«

(Leserbrief von Doris R., Mannheim)

Günter Netzer in seiner Diskothek »La Laque« (1971)

Beim 3:1-Sieg der Bayern gegen Borussia Mönchengladbach in der Saison 1986/87 kommt es in der 35. Minute zu einer äußerst kuriosen Szene. Gladbachs Krauss möchte einen Einwurf ausführen, wird jedoch von Schiri Osmers zehn Meter zurückgeschickt. Krauss läuft erneut an, rennt sechs Meter und wird zurückgepfiffen. Beim nächsten Mal trippelt er nur vier Meter mit dem Ball los und wird wieder zurückgepfiffen. Da auf dem Feld niemand frei steht, lässt Krauss den Ball für Bakalorz liegen. Osmers unterbricht und zeigt Krauss wegen Zeitspiels die Gelbe Karte. Bakalorz läuft fünf Meter und wird zurückgepfiffen. Der Linienrichter stellt sich neben Bakalorz, der wirft nun endlich korrekt ein, doch der Ball geht sofort an einen Bayern-Spieler verloren. Zehn Minuten später lässt Schiri Osmers die Zeitschinderei noch vor der Halbzeitpause nachspielen. Und genau in dieser Nachspielzeit erzielt Hansi Pflügler das 1:0 für Bayern. Da ist der Schuss irgendwie nach hinten losgegangen.

Vor der legendären Begegnung des BVB gegen Gladbach äußert sich BVB-Präsident Heinz Funke in einem Fernsehinterview zu den Meisterschaftschancen der rheinischen Borussia und meint wortwörtlich: **»Ja, da müssten wir schon 0:12 verlieren.«** Ein überraschend exakter Tipp für einen Satz, den man angeblich mal so eben ins Blaue hinein gesagt haben will! BVB-Profi Lothar Huber erinnert sich jedenfalls noch gut, wie das an diesem Tag alles endete: **»Nach dem 0:10 hat keiner mehr den Ball aus dem Tor geholt. Da lief der Schiedsrichter, den Ball unterm Arm, zur Mittellinie.«**

»Wenn ich eine ganze Flasche Rotkäppchen getrunken habe, wurde meine Frau danach regelmäßig schwanger.«

(Hans Meyer)

»In Gladbach stehe ich vor einem **Müllberg**, in München stehe ich vor dem **Brenner**!«

(Stefan Effenberg)

»Was heißt hier eigentlich neue Besen, und immer wird dabei nur auf die Trainer geguckt. Das ist doch zu 80 Prozent PR. Auch beim neuen Besen kommt es auf die **Kraft der Borsten** an. Und das sind in erster Linie die Spieler!«

(Bernd Krauss)

Hennes Weisweiler weiß, manchmal kommt es auf Kleinigkeiten an. Bevor für die Mannschaft von Borussia Mönchengladbach ein Hotel gebucht wird, lässt sich der Trainer genau über das Käseangebot vor Ort informieren. Zudem muss immer eine Flasche Fernet-Branca im Haus sein. Weisweiler streng: **»Diese Dinge prüfen wir ganz genau!«**

»Wir mussten das Training abbrechen, weil einige Spieler vor Freude in **Tränen** ausgebrochen sind.«
(Hans Meyer nach einer Vertragsverlängerung)

I hope we have a little bit lucky.
(Lothar Matthäus bei seiner ersten Pressekonferenz in New York)

Frage an Frank Mill: ***»Würden Sie mit Heino eine Platte aufnehmen, wenn der Erlös für einen guten Zweck ist?«***
(Gunnar P., 2370 Osterrönfeld)
Antwort: ***»Ja, würde ich machen, aber nur, wenn ich dabei genauso aussehen darf wie Heino.«***

1972: Heino (zwischen Jupp Heynckes und Günter Netzer) beim Anstoß zum Freundschaftsspiel zwischen einer Kombination von Fortuna Düsseldorf und Borussia Mönchengladbach gegen Ajax Amsterdam

Starschnitt
Helmut Grashoff

Manager Grashoff ist sich sicher: **»Wir arbeiten wie vor 20 Jahren – und das hat auch noch in 1.000 Jahren Bestand.«**

»Es liegt nicht an der schlechten Arbeit des Trainers, dass wir hinter den Erwartungen zurückbleiben.«

(Über Coach Gerd vom Bruch)

»Als ›Dryggy‹ damals bei uns anfing, habe ich ihm gesagt: ›Wenn Sie in acht Wochen kein Fußballnarr sind, verstehe ich die Welt nicht mehr.‹ Ich habe recht behalten. Er ist heute der Verrückteste von uns allen.«

(Über Konditionstrainer Karl-Heinz Drygalsky)

Bei einem Vertragsgespräch mit Grashoff meint der Manager nach einer weiteren Erhöhung seines Angebots, dass Netzer nun doch langsam mal zufrieden sein solle. Eine Runde Champagner wäre angesichts des großzügigen Vertragsinhalts angebracht. Der Mittelfeldstar geht, ohne ein Wort zu sagen, aus dem Raum, direkt zu einem nahe gelegenen Supermarkt und kehrt mit einer Flasche des billigsten Erdbeerschaumweins zurück. Grashoff versteht und legt zähneknirschend noch eine Mark obendrauf.

Einige Spieler schrauben im Glücksrausch des Meisterschaftstriumphs von 1970 im Hotel zusammen mit ihrem Manager Grashoff am Bett von Hennes Weisweiler herum. Der Plan: Das Bett soll zusammenbrechen, sobald der Trainer sich hineinlegen möchte. Und es gelingt. Als Weisweiler in sein kuscheliges Schlafgemach steigt,

kracht es lautstark ineinander. Grashoff und die Spieler stehen vor dem Zimmer, halten sich lachend die Bäuche und warten auf den Trainer – doch der kommt nicht aus seinem Ruheraum heraus. Erst als Weisweiler am nächsten Morgen auf dem Boden liegend erwacht, bemerkt er, was mit ihm in der Nacht geschah. Noch im Fallen muss der Meistertrainer süß und fest entschlummert sein.

»Am liebsten mag ich seinen kleinen festen Po. Sex ist der Spiegel der Beziehung. Bei uns macht Sex 30 Prozent aus.«

(Lothar Matthäus' erste Ehefrau Silvia)

»Ich habe keine Spielerfrau, ich habe eine richtige Frau.«

(Arie van Lent auf die Frage nach der perfekten Spielerfrau)

»Beim Anrennen zum Schluss haben wir uns fast den Finger in der Nase abgebrochen.«

(Ewald Lienen)

»Irgendwann kommt man morgens zum Training und **ist gar nicht mehr Coach.**«

(Bernd Krauss)

»Wir wollten nach der Halbzeit da weitermachen, wo wir **zu Beginn aufgehört** haben.«

(Bernd Korzynietz)

»Seitdem Uwe Rahn aus Gladbach weg ist, spielt er wie ein arbeitsloser Lehrer. Er hat keine Klasse mehr.«

(Norbert Pflippen über Uwe Rahn)

»Wenn ich fünf Tore schieße, muss ich meine Freundin heiraten.«

(Kasper Bøgelund)

»Mit seinem Körperschwerpunkt auf Höhe der Grasnarbe ist es schwer, gegen ihn zu verteidigen.«

(Per Mertesacker über Marko Marin)

Match Attax
Sammelkarte

»Brasilianer bin ich eigentlich nur im Urlaub.«

(Dante)

»An sich bin ich gegen Damenfußball. Es gibt so schöne Sportarten, warum ausgerechnet Fußball für die Dame?«

(Berti Vogts Mitte der Siebziger)

»Lothar Matthäus hat ein eigenes Kapitel. Die erste Seite habe ich **weiß gelassen**, weil eigentlich **jedes Wort** über ihn **zu viel** ist.«

(Stefan Effenberg in seinem Buch »Ich hab's allen gezeigt«)

Reporter

»**Oliver Neuville**, der europäischste Europäer, den man sich am heutigen Abend überhaupt vorstellen kann: Vater Deutscher, Mutter Italienerin und Großvater Belgier – von dem er auch den Namen hat! Sonst würde er ›Neustadt‹ heißen!«

(Heribert Faßbender)

»Da crienst er sich eins.«

(Karlheinz Vest über den Torschützen Hans-Jörg Criens)

»Wenn irgendwo auf dem Platz ein Knochen vergraben ist, Peer Kluge findet ihn.«

(Wolff-Christoph Fuss)

»Und der gute alte Lothar Matthäus höchstselbst klärt zur Ecke: Ein Bild mit Bedeutung!«

(Heribert Faßbender)

»In der ersten Halbzeit hatten die Gladbacher **Blei im Kopf**.«

(Sabine Töpperwien)

»Den Bökelberg nennen sie bald Effenberg.«

(Erich Laaser)

»Du weißt nicht, was ich gesagt habe.«

(Jörg Stiel, nachdem ihn der Moderator als guten Übersetzer gelobt hatte)

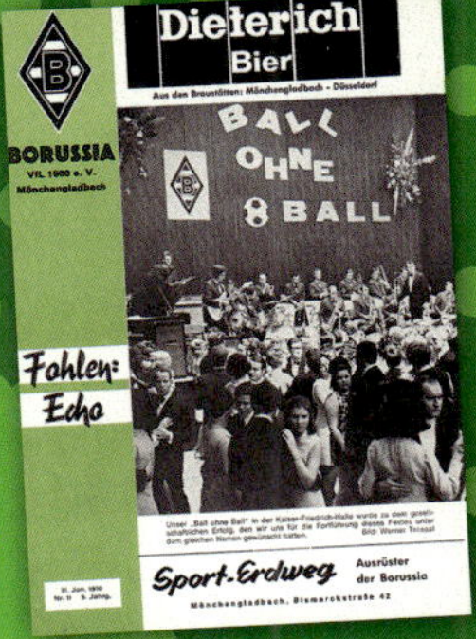

»Die Presse sieht einen normalen Anpfiff unter Fußballern gleich als Angriff auf die Menschenrechte.« *(Hans Meyer)*

»Er könnte ›wunderbar‹, ›phantastisch‹ oder ›phänomenal‹ heißen, aber der liebe Gott nannte ihn schlicht und einfach ›Herrlich‹.«

(Jörg Dahlmann über Heiko Herrlich)

Uwe Rahn weiß schon ganz genau, wann er den Durchbruch endgültig geschafft hat: **»An dem Tag, an dem sie mich im Fernsehen nicht mehr mit Bruns oder anderen Blonden verwechseln.«**

»Kann mich auch mal einer was fragen?«

(Trainer Holger Fach während der Pressekonferenz nach einer Niederlage bei Schalke 04, weil sich alle Reporter für Schalkes Interimstrainer Achterberg interessierten)

»Neuville – der reicht dem Hyypiä gerade mal bis zum Beckenknochen.« *(Bela Rethy)*

»Jörg Neun – macht er alleun.«

(Dieter Kürten)

Dieter Kürten mit Hennes Weisweiler

»Manche Profis knipsen doch heute schon vor der Ampel ihr Lächeln an, weil sie es für das Rotlicht einer Fernseh-kamera halten.« *(Berti Vogts)*

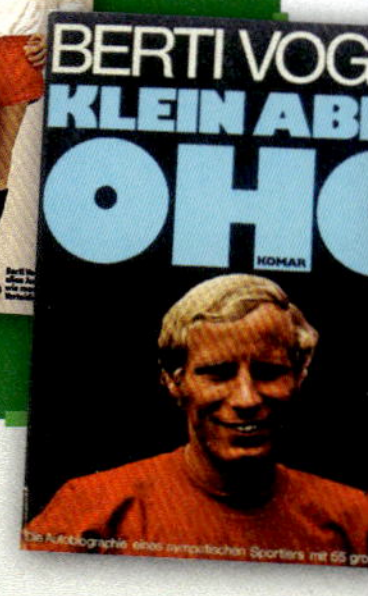

»Wenn du Fußball machst, dann lässt dich der Beruf nicht mehr frei. Man entwurzelt sozial ein bisschen. Geh mal abends ins Theater, wenn du dreimal verloren hast. Da bist du ein **Laune-Schreck**.«

(Hans Meyer)

»Ehrlichkeit? Das ist doch eine Seifenblase im Fußball.«

(Udo Lattek)

Frank Mill mag keine Kopfbälle. Das wiederum findet sein Trainer nicht so toll. Wenn der Stürmer wieder einmal einem hohen Ball ausgewichen ist, sagt Jupp Heynckes: »Hast dir wohl die Haare geföhnt und willst sie dir nicht durcheinandermachen!« Der missverstandene Mill: »Dabei föhne ich mir nicht einmal die Haare. Ist mir viel zu viel Arbeit!« Schuld ist hingegen ein Vorfall aus früheren Tagen: »In Duisburg bin ich einmal bei einem Kopfball hochgegangen, und schon hatte ich eine dicke Nase. Dabei ist die bei mir sowieso schon so breit, als ob der liebe Gott dreimal hingegriffen hätte.«

Lucien Favre hatte am 6. September 2015 einen Gastauftritt im Luzerner Tatort – allerdings ohne sein schauspielerisches Talent unter Beweis stellen zu müssen. Sein Name tauchte auf der Liste mit Verdächtigen einer Mordserie auf.

»Wenn **Oscar** trifft, dann muss ich auch.«

(Håvard Nordtveit im November 2015, nachdem er zum zweiten Mal im gleichen Spiel wie sein Mannschaftskollege Wendt ein Tor erzielte)

»**Ich komme immer gut** in die torgefährlichen Räume, aber das weiß halt keiner, **weil ich nie ein Tor mache**.«

(Christoph Kramer)

Kramer auf dem Cover der 11 Freunde

»Es darf **Party** gemacht werden. Die Mannschaft hat einige kreative Köpfe, die lassen sich schon noch was einfallen.«

(Sportchef Max Eberl zu den anstehenden Feierlichkeiten nach dem Champions-League-Einzug 2014/15)

»Und auf der **Heimreise** nehmen wir sicher **die eine oder andere Tanke** mit.«

(Max Kruse kündigt nach dem CL-Einzug eine feucht-fröhliche Heimfahrt aus Bremen an.)

»Mein Trost, wenn ich Sportsendungen im Fernsehen gucke: Jeder Redefluss verläuft im **Sande**.«

(Gerd vom Bruch)

»Reiner Calmund und ich wären super Partner, um schön essen zu gehen und über Fußball zu quatschen.«

(Hans Meyer zu den Gerüchten, er würde Sportdirektor bei Bayer Leverkusen)

»Wenn ich übers Wasser laufe, dann sagen meine Kritiker: ›Und **schwimmen kann er auch nicht.**‹« *(Berti Vogts)*

Hartwig Bleidick ist schon ein lustiger Vogel. Nachdem er 1971 ganze 58 Sekunden gegen Albanien auf dem Platz gestanden hat, sagt er anschließend mit einem schelmischen Grinsen im Gesicht: **»Um Haaresbreite hätte ich in meinem ersten Länderspiel sogar den Ball getroffen!«**

Trainer Wolf Werner hat Sinn für Humor. Auf die Frage, was er machen würde, wenn einer seiner Stars nicht spurt, antwortet er: »Gottes Mühlen mahlen langsam – und irgendwann einmal kommt der Junge auch **auf meine Toilette** – und hat **kein Papier** dabei!«

Trainer Wolf Werner, im Hintergrund Karl-Heinz Drygalsky und Gerd vom Bruch

»Lothar Matthäus war einmal mein Jugendidol. Jetzt nicht mehr, **weder sportlich noch sonst**.«
(Matthias Sammer, nachdem er ihn als Gegenspieler kennengelernt hatte)

»Aber, Kleiner: Du musst dich auch nicht wundern, wenn einer wie der van Bommel dich beim Einlaufen vorm Anpfiff an die Hand nimmt, weil er denkt, du wärst einer aus der E-Jugend.«
(Mario Basler über Marko Marin)

»Wir sind nicht so **stark**, wie die anderen meinen, aber die anderen sind auch nicht so stark, wie sie glauben.«
(Udo Lattek)

Trainer

»Der soll sein Weißbier trinken und die Klappe halten.«

(Rudi Assauer über Udo Lattek)

Über seinen Trainerkollegen Hennes Weisweiler sagt Max Merkel: »Das ist einer wie Dschingis Khan – der kann **raufen, saufen und Kinder zeugen**.«

»Als Trainer musst du eine Sau sein. Wenn du keine mehr bist, dann bist du tot.« *(Udo Lattek)*

Einer der Beweggründe für Jupp Heynckes, von Gladbach nach München zum FC Bayern zu wechseln, ist etwas kurios: Er hat Schmacht! Heynckes: »Nach jedem Titelgewinn habe ich mir eine Zigarette genehmigt. Da hat mir unser Präsident Dr. Beyer stets das Feuer gereicht. Ich hoffe, dass ich in München öfter die Gelegenheit habe, mir eine Zigarette anzustecken. Seit acht Jahren bin ich jetzt schon Abstinenzler.«

»Wir wollten unbedingt einen **frühen Rückstand** vermeiden. Das ist uns auch gelungen. Der VfB Stuttgart hat in den ersten **zweieinhalb Minuten** kein Tor geschossen.«

(Bernd Krauss)

»Wie der nach Siegen auf dem Platz herumspringt und die Spieler umarmt – lächerlich. **Gewinnen ist doch unser Job,** oder?«

(Timo Konietzka über Jürgen Gelsdorf)

»Und trotzdem gefällt mir meine Mannschaft.«
(Holger Fach nach einem mageren 1:1 gegen Rostock)

»Ich war ja nicht im Altersheim.«
(Horst Köppel nach seiner Rückkehr als Cheftrainer)

»Ihr wisst ja, beim **Geschlechtsverkehr** dürft ihr mich immer stören, aber bei der **Fresserei** ist es einfach scheiße!«
(Hans Meyer, als Fans ihn beim Mittagessen ansprachen)

Frage an Bernd Krauss: »Herr Krauss, Sie spielen in Ihrer Freizeit Tennis. Wie gehen Sie da mit Niederlagen um?« Antwort: »Wie das im Sport halt so ist: Erst **gratulieren**, dann den Schläger **zertrümmern** – und anschließend **geht es weiter**.«

Auch in Gladbach haben die Fans schon bessere Zeiten erlebt. Die Borussia schmeißt Trainer Ewald Lienen raus und holt von Rot-Weiss Essen Holger Fach. Die leidgeprüften Anhänger fragen sich auf Plakaten im Stadion: **»Wieder der Richtige für sechs Monate?«.**

»Er lernt jetzt auch schon seit zwei Jahren die deutsche Sprache und kann schon ›Guten Tag‹ sagen.«
(Hans Meyer über seinen ghanaischen Stürmer Lawrence Aidoo)

Heinz Wittmann, Trainer Hennes Weisweiler, Volker Danner und Berti Vogts

Berti Vogts ist eindeutig Weisweilers Lieblingsschüler. Im Trainingslager zieht der kleine Berti voll mit und ist im Gegensatz zu seinen Mannschaftskameraden der Einzige, der die Übungen schweißfrei absolviert. Weisweiler lobt: »Kein Wunder. Der besteht ja nur aus Muskeln. Musterbeispiel dafür, was man sich alles erarbeiten kann. Wenn ich daran denke, wie er mich vor drei Jahren, als wir grad in die Bundesliga gekommen waren, jeden Morgen weinerlich fragte: ›Gegen wen muss ich denn am nächsten Samstag spielen? Ist der schnell?‹ Und wenn ich antwortete: ›Ja, der Nafziger ist schnell‹, dann bat Vogts sofort um einen neuen 100-m-Lauf, um sich von 11,9 auf 11,8 zu verbessern. So einer ist das. Ein hundertprozentiger Profi!«

»Ich möchte keine Frau sein, sonst würde ich ständig an meinem Busen spielen!«
(Lothar Matthäus)

»Ein Genie mit Besorgnis erregender **Pannenstatistik**.«
(Johannes B. Kerner über Dariusz Kampa)

»Wenn du denkst, es geht nicht mehr, kommt von irgendwo 'ne Flanke her.«
(Günter Netzer)

»Früher passten seine Freunde in einen Eisenbahnwaggon, heute in ein Goggomobil.«
(Reiner Calmund über Berti Vogts)

Starschnitt
Allan Simonsen

Drei Tore schießt Allan Simonsen bei einem 6:0 der Gladbacher in Braunschweig in der Saison 1977/78. Ähnlich spitzfindig wie auf dem Platz zeigt sich der Däne auch nach der Partie: **»Schade, Trainer, dass mir so schöne Tore gelungen sind. Das wollte ich wirklich nicht!«** Der Hintergrund: Udo Lattek hatte seinen Spieler öffentlich dafür kritisiert, dass er den Kasten deshalb nicht treffen würde, weil er immer so besonders schöne Treffer erzielen wolle.

Der Däne trumpft groß auf und das, obwohl Trainer Hennes Weisweiler ihn eigentlich nicht mehr haben wollte. Sogar dem 1. FC Nürnberg wurde Simonsen angeboten, doch deren Trainer Hans Tilkowski traut dem Braten nicht: »Wenn der Weisweiler einen Mann abgibt, dann ist da was faul.« Auch Mannschaftskamerad Günter Netzer sieht anfangs das Potenzial des jungen Dänen nicht. Er fragt Weisweiler: »Chef, wollen Sie einen Kindergarten aufmachen? Den pusten sie doch in der Bundesliga um!« Als es plötzlich läuft, verlängert Simonsen in Gladbach und handelt einen einmaligen Bonus aus: Er darf im Sommer sechs Wochen am Stück Urlaub machen.

Allan Simonsen nach der Geburt von Camilla bei seiner Frau im Krankenhaus (1975)

»In Dänemark war ich 1,67 m groß«, vermeldet der neue Star, nachdem ein Boulevardblatt berichtet hatte: »Publikums-Liebling **misst 1,52 m**«.

»Wir haben am Wochenende das nächste Heimspiel, wieder zu Hause.« *(Frantisek Straka)*

»Von den Zweitrangigkeiten in meinem Leben ist das die Priorität.«
(Günter Netzer auf die Frage, wie ausführlich er sich über seinen Ex-Klub Gladbach erkundigt)

»Außer dass wir schlecht gespielt haben, hat alles gestimmt.«
(Lothar Matthäus)

»Wir müssen den Cent nicht nur umdrehen, wir müssen ihn auch noch **röntgen**, ehe wir ihn ausgeben.«
(Stephan Schippers, Geschäftsführer)

»Er weiß ja gar nicht, wie er in diese Position gekommen ist. Er ist wahrscheinlich **zufällig mit dem Fahrrad vorbeigefahren**, und Rolf Königs hat ihn gesehen und dann gefragt: **›Max, willst du nicht Sportdirektor werden?‹«**
(Berti Vogts über Max Eberl)

Max Eberl

Große Weisheiten

»Eine **Ehe** ist wie ein **Fußballspiel** – man weiß nie, **wie es ausgeht.**«

(Lothar Matthäus)

»In schöner Regelmäßigkeit ist Fußball doch immer das Gleiche.«

(Hans Meyer)

»Bei mir wusste man immer, **woran ich war.**«

(Günter Netzer)

Borussia Mönchengladbach – Borussia Dortmund 1:0 (8.3.2003): Schlussjubel mit Trainer Ewald Lienen, Torwart Jörg Stiel und Jeff Strasser

»Der Fußball ist doch nur ein bisschen Leder und viel Luft. Luft freilich, die wir Fußballer zum Leben brauchen.«

(Uli Stielike)

»Ich schmunzele immer beim Fußball, denn **Fußball macht Spaß.**«

(Jörg Stiel)

»Wer die Tore schießt, gewinnt. Das ist **brutal** und **kriminell.**«

(Jeff Strasser)

»Wenn du den Ball nicht hast, ist es schwer, Fußball zu spielen.«

(Lucien Favre)

»Dass wir vielleicht in einer Sackgasse sind, ist doch nicht das Problem. Aber die **nimmt einfach kein Ende**!« *(Gerd vom Bruch)*

»Danke für die Glückwünsche beim Unternehmen Aufstieg. Sie werden sich noch schwarzärgern, wenn wir es wirklich schaffen, dann **guckt nämlich keine Sau mehr Ihre Sendung**.«

(Hans Meyer zu einem DSF-Reporter)

»Die Mannschaft darf fast alles trinken. Aber wir haben nur Wasser, Kaffee und Tee im Bus.«

(Geburtstagskind Lucien Favre nach einem Auswärtssieg beim HSV)

»Ich kann doch nicht vor jedem Spiel einen **Rhetorik-Kurs** besuchen.« *(Wolfram Wuttke)*

»Abgestiegen ist man, wenn man abgestiegen ist.«

(Holger Fach)

Giovanni Trapattoni, Assistenztrainer beim AC Mailand, lobt die Gladbacher überschwänglich: »Wir freuen uns auf die Deutschen, dass sie zu uns kommen. Doch müssen wir zusehen, mit ihrem Spiel fertigzuwerden, das bei uns in Italien geradezu fremd ist. Solche Borussia **wäre bei uns immer Meister!**«

Hennes Weisweiler auf die Frage, was für ein Spielertyp er selbst früher war: »Ich war ein Mitteldings zwischen Luggi Müller und Berti Vogts.« Daraufhin Luggi Müller: **»Das muss ja fürchterlich gewesen sein.«**

»Er sieht auf jeden Fall interessanter jetzt aus.«

(Hans Meyer über Max Eberls Nasenbeinbruch)

Ludwig Kögl „geht fremd". Das Jungtalent des FC Bayern München verriet jetzt, für welchen Klub sein Herz schlägt: die Gladbacher Borussen. Am 10. November erst kommt's zum Duell. Foto: Sven Simon

»Wenn der Ball im Tor ist, war das immer eine gute Maßnahme.«

(Günter Netzer)

Starschnitt
Stefan Effenberg

»Die Situation ist aussichtslos, aber nicht kritisch.«

»Ich bin der **Albtraum** aller Schwiegermütter.«

»Vielleicht ist ja jemand aus der Uwe-Seeler-Traditionself dabei.«
(Auf die Frage nach Verstärkungen)

»Was zählt, ist die **Kohle**, klarer Fall. Also kann derjenige, der meine Position haben will, auch nicht mein Freund sein. Denn der will **an mein Geld**, folglich muss ich mich wehren.«

»Der Pfau, der Superpfau, der Herr Effenberg. Da stolziert er über den Platz und dann verschießt er. Es gibt doch noch einen Fußballgott.«
(Andreas Herzog nach dem Pokalsieg 1999 mit Werder Bremen)

»Wenn der Effenberg irgendwann Italienisch lernt, sollte er sofort nach Alaska verkauft werden. Denn wenn man ihn in Florenz erst versteht, macht er mit seinem Mundwerk auch diesen Verein kaputt.«
(Albert Sing, ehemaliger Bundesligatrainer)

»Michael Ballack ist ein ganz anderer Spieler als Stefan Effenberg. Effenberg hat sich **um den Mittelkreis aufgebaut**, und die anderen mussten für ihn laufen.«

(Karl-Heinz Rummenigge)

»Als ich neulich durchs Programm zappte, sah ich ihn **am Kochtopf** bei Alfred Biolek. Das sah richtig gut aus, was er da brutzelte. Vielleicht sollte er sich **künftig mehr auf diesem Gebiet** bewegen.«

(Paul Breitner)

Stefan Effenberg und Jörg Neun mit Kochbuch am Herd

»Effenberg sagt nicht ich, sondern ein Effenberg. Er verehrt sich und trägt sich selbst jubelnd vom Platz. Eine groteske Figur.«

(Dieter Hildebrandt)

»Ich mag das Auftreten von Effenberg nicht, weil dessen Gehabe nichts mehr mit Fußball zu tun hat. In seiner Gestik drückt sich auch so ein Dumm-Stolz aus.«

(Günter Grass)

»Nee, wir brauchen doch nur **laufstarke** Spieler.«

(Pierre Littbarski, Trainer des Zweitligisten MSV Duisburg, auf die nicht ernst gemeinte Frage, ob er an einer Verpflichtung von Stefan Effenberg interessiert sei)

»Der Mill **verarscht uns** schon seit Jahren.«

(Otto Rehhagel, nachdem dieser schon wieder gegen Werder getroffen hatte)

»Der Wuttke ist **heute Genie** und **morgen Wurschtl**.«

(Ernst Happel)

»Weißkrautsalat.«

(Wolfram Wuttke auf die beliebte Frage nach dem »Was macht eigentlich …?« am Telefon)

»Der kam nach dem 2:2 in unsere Kabine und wollte sein Trikot tauschen. Da habe ich ihm gesagt: ›Du bekommst keins. In der nächsten Saison hast du davon Tausende.‹ Er hat nicht gelacht: **Prüfung nicht bestanden – der hat keinen Humor**.«

(Hans Meyer auf die Frage, warum Daniel Felgenhauer nicht nach Gladbach wechsle)

»Sehen Sie, das ist der Unterschied: Overath hätte den Ball erst noch mal gestreichelt, Netzer hat ihn reingehauen!«

(Der ehemalige Kölner Franz Wichelhaus nach Netzers Tor im Pokalspiel 1973)

»Die Spieler kommen morgens um neun, trinken Kaffee, halten ein Schwätzchen, danach eine kleine Mannschaftsbesprechung, 90 Minuten Training, eine Stunde Nachbereitung. Und nachmittags gehen sie dann mit der Mutti auf die Kö nach Düsseldorf. Die können einkaufen, während andere noch an der Maschine stehen. Als Fußballprofi hat man eine herrliche Zeit.«

(Hans Meyer)

»Ich bin keine Extrawurst, also kann ich auch sehr gut ohne den Senf einiger Journalisten leben.«

(Lothar Matthäus)

»Der Oliver Neuville trifft von einem Meter das Tor nicht. Er trifft es auch nicht von 15 Zentimeter. Das ist halt so.«

(Bernd Schuster)

»Gladbachs Antwort: **Was für ein Teil! Was für ein Mega-Tor! Was für ein Strahl!** Håvard Nordtveit jagt das Ding aber sowas von ins Dreieck. **Ein monsterschönes Tor! Ein brillantes Tor. Ein herrlicher Treffer!**«

(TV-Kommentator Holger Pfandt)

»Wat nix kost, dat is auch nix.«

(Hannes Bongartz über Spielereinkäufe)

»Ich genieße mein Privatleben **eher privat.**«

(Lothar Matthäus)

»Steh auf, wenn du Schalker bist«, rufen die Gladbacher Fans beim Spiel gegen den FC Schalke 04, als der S04-Spieler Jiri Nemec nach einem Zweikampf mit **Michael Klinkert** nicht aufstehen will.

Das Leben des Lothar Matthäus ist die Schnittmenge aus öffentlicher Person des Boulevards und dem überragenden Fußballer, der maßgeblich dafür verantwortlich war, dass Deutschland 1990 Weltmeister wurde. Auf alle Fälle ist er ein Bälle-Narr, wie sein Entdecker Nowak so schön sagt: **»Wenn in Herzogenaurach ein Ball aufgepumpt wurde, war der Lothar schon in der Nähe.«**

»Berti Vogts war mein liebster Gegner. Der hatte zu kurze Beine. Wenn ich den Ball mit dem Hintern abdeckte, stocherte er ins Leere.«

(Willi Lippens)

»Ich weiß nicht, ob schon irgendjemand eine Kreissäge gekauft hat.«

(Wolf Werner auf die Frage, ob er noch fest auf dem Trainerstuhl sitze)

In Gladbach sitzt ein Mann auf dem Zaun. Es ist der Türke Ethem Özerenter, den aber alle nur **»Manolo«** rufen. Er hat ein buntes Käppi auf dem Kopf und eine große Trommel vor sich. Er ist bei jedem Heimspiel, auch wenn er zugibt: »Von Fußball ich aber nix verstehen. Ich mache nur bum-bum, um die Mannschaft anzufeuern!« Als einmal seine Trommel kaputt ist, greift Stefan Effenberg spontan in die Tasche und spendiert für 300 Mark eine neue. Manolo kreiert daraufhin den legendären »Effenberg-Rhythmus«. 80 Mark pro Partie kassiert er in den 1990er Jahren von einem Sponsor für seine Trommeleinsätze.

»Danke. Das sagen zu mir sonst nur 60-Jährige.«
(Hans Meyer bei einer Talkshow zu Box-Schönheit Daisy Lang, die ihm das Kompliment gemacht hatte, er sei ein charmanter Mann)

Der letzte Romantiker der Bundesliga?

In der Bundesliga gibt's auch noch Romantiker. Beispiel: Heinz Wittmann vom Meister Gladbach. Wittmann sammelt fleißig Autogramme. Von wem? Von seinen rund 350 Bundesligakollegen!

»Das Schlimme für mich sind nicht die Spiele, sondern die Zeit, die ich inzwischen brauche, um mich von diesen Spielen zu erholen.«
(Wolfram Wuttke)

Starschnitt

Rainer Bonhof

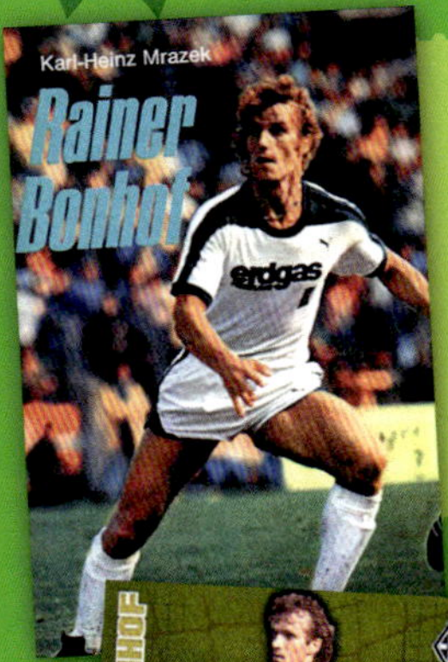

»**Sylvester Stallone** und **Arnold Schwarzenegger** in der Abwehr, **Bruce Willis** im Mittelfeld und **Jean Claude van Damme** im Sturm.«

(Auf die Frage, wie er die verletzten Spieler zu ersetzen gedenke)

»Bernhard Langer hat mal gesagt, Leistungssport **spielt sich zwischen den Ohren ab**. Da war teilweise **Brachland**, das neu bepflanzt werden musste.«

(Zur Nervenschwäche seines Teams)

»Wir müssen die Basis fundieren.«

»Vielleicht war es einmal ganz gut, dass Bonhof einen getroffen hat, der ihn richtig nass gemacht hat. Jetzt weiß er hoffentlich, dass man nicht immer Weltmeister ist!«, spottet Hennes Weisweiler nach einem 4:3 der Offenbacher, bei denen Siggi Held Bonhof im Griff hatte.

»Aus den eigenen Fehlern zu lernen ist **recht und teuer**, aus den Fehlern anderer zu lernen **recht und billig**.«

Günter Netzer, der früher gerne auch schon einmal abends in München auf eine Promi-Party ging und morgens rechtzeitig wieder auf dem Trainingsplatz stand, sieht eines Tages seinen Mitspieler Rainer Bonhof mit einem Buch über die High Society. Auf Netzers Frage, was er denn damit mache, antwortet Bonhof süffisant: »Ich wollte nur mal wissen, wie das so zugeht in deinen Kreisen.«

Rainer Bonhof lehnt Kinder mit seiner Freundin Roswitha Mückner strikt ab, noch. Der stressige Beruf ist das Hindernis. Denn Bonhof hat keine Lust, dass die Kinder fragen könnten: **»Mutti, wer ist denn der fremde Mann eigentlich, der ab und zu seine schmutzige Wäsche hier abgibt?«**

»Entweder fällt dabei ein Tor oder ein Mann aus der Mauer!«

(Rainer Bonhof erklärt seinen harten Schuss.)

Warum als Spieler nicht einfach mal selbst die Sache in die Hand nehmen? Als Gladbach im Winter im Trainingslager ist, klingelt am Nachmittag das Handy von **Rolf Rüssmann**. Den Anruf hat der Manager der Borussia schon erwartet. Es soll um ein Angebot aus Italien für Stefan Effenberg gehen. Doch am anderen Ende der Leitung meldet sich in schwer verständlichen Englisch-Brocken ein gewisser Paolo aus Porto. Der Südländer prahlt, er habe viel Geld und würde mindestens **zwölf Millionen** Mark für Stefan Effenberg im Paket mit **Martin Dahlin** bieten. Rolf Rüssmann zuckt zusammen. So viel Geld, das hört sich gut an. Doch die Stimme? Irgendwoher kennt er diese Stimme. Der Manager kratzt sich am Kopf und schaut nervös über seine rechte Schulter. Nur zwanzig Meter von ihm entfernt sitzt Martin Dahlin, grinst und zeigt mit der linken Hand an sein rechtes Ohr: An dem hält er mit der anderen Hand ein Mobiltelefon.

In der Saison 1976/77 hat Münchens Franz Beckenbauer wenig Hoffnung auf die Meisterschaft, außer …:

»Wenn bei Gladbach alle auf einmal eine Lungenentzündung kriegen …«

»Der behandelt Spieler, als wären das alles **Menschen zweiter Klasse**. Als Spieler muss man unheimlich **auf die eigene Frau aufpassen**, wenn er in der Nähe ist.«

(Max Merkel über Udo Lattek)

Armin Veh 1981

»Ich hatte mir als 18-Jähriger meinen ersten BMW gekauft und lieh ihn Lothar Matthäus. Am nächsten Tag kam er wieder – ohne Auto.«

(Armin Veh)

»Es ist nicht eine Frage des Willens, sondern eine Frage des **mangelnden Könnens**.«

(Hans Meyer)

»Was Oliver Neuville in diesen Wochen auf dem Fußballplatz leistet, hat Hand und Fuß.«

(»Frankfurter Allgemeine Zeitung« über ein deutliches Handtor)

»Der ist mit allen Abwassern gewaschen.«

(Norbert Dickel über Frank Mill)

Ewald Lienen hat nach dem 3:2-Sieg der Gladbacher in Stuttgart eine gute Begründung für seine ansprechende Leistung: »Bei der Landtagswahl hat meine Friedensliste 0,7 Prozent der Stimmen bekommen, ich in meinem Wahlkreis 1,2. Da musste ich mich doch dafür bedanken.« 0,7 bzw. 1,2 sind im Grunde ja keine ganz so üppige Ausbeute. Doch auch hierfür hat Lienen einen lockeren Spruch auf den Lippen:

»Auch die Grünen haben mal klein angefangen.«

»Ja, aber das war kurz nach dem Zweiten Weltkrieg.«

(Holger Fach auf die Frage, ob er schon einmal vor dem DFB-Sportgericht stand)

»Der Butterkuchen hier ist wirklich ausgezeichnet, den hat bestimmt Frau Demuth gebacken.«

(Hans Meyer über den Kuchen im Presseraum des FC St. Pauli)

»Das geht nun seit Jahren so: Wenn ich höre, dass neue Impulse kommen sollen, weiß ich immer schon, dass ich zu gehen habe.«

(Jürgen Gelsdorf zum Thema Trainerkarussell)

»Geldscheine an die Kabinentür zu hängen oder über Glasscherben zu laufen: Mir ist so etwas zu platt. Das entspricht dem Klischee des doofen Fußballspielers. Solche Dinge auszuprobieren ist **ballaballa**.«

(Holger Fach über sogenannte Motivationskünstler in der Bundesliga)

Beim Spiel der Gladbacher gegen Eintracht Frankfurt tritt das junge Fohlen Peter Loontiens dem Rekordspieler der Bundesliga, Willi Neuberger, dauernd auf die Füße. Der Routinier versucht den Nachwuchsspieler zu beruhigen: »Pass auf, Junge, mach mal langsam, sonst gibt es beim nächsten Mal was auf die Socken.« Woraufhin Loontiens locker kontert: »Hey, Alter, was willst du denn? **Du gehörst doch schon längst in die Urne!«**

»Deine Beliebtheit entspringt einem Instinkt, Calle. Menschen lieben etwas **Kleines, Weiches, Rundes**, wollen es beschützen. Guck dir nur den Erfolg von Hamstern an.«

(Ulla Del'Haye, die Ehefrau des Bundesligaspielers, meint es sicher ganz lieb.)

Karl Del'Haye mit seiner Frau Ulla beim Spaziergang (1980)

Starschnitt Hennes Weisweiler

»'ne Roote will isch han!«
(Daraufhin verpflichtete Gladbach Winnie Schäfer)

»Gibt sich einer zu bunt, wird er gar zu früh grau.«

»Eine Mannschaft braucht drei Jahre, um zu wachsen, spielt drei Jahre stark und zerfällt in den folgenden zwei Jahren.«

»Das Leben ist ja manchmal komisch. Ich habe schon **Bekannte** auf der Straße nicht gegrüßt, weil ich sie nicht erkannte; dafür grüßte ich **Unbekannte**, von denen ich annahm, ich müsse sie kennen. Ich hoffe nur, die Leute **tauschen sich untereinander mal aus**.«

»Ein vollkommenes Fragment – das ist das Größte, was ein Trainer aus einer Mannschaft machen kann.«

»Zeige mir einen **zufriedenen Zweiten**, und ich zeige dir den **ewigen Verlierer**.«

20. Mai 1967: Trainer Hennes Weisweiler und Günter Netzer auf der Bank

»Manchem Journalisten möchte man mitunter zwar für seine Erscheinung, nicht aber unbedingt für sein Erscheinen danken.«

»Wir dürfen es im Fußball nicht so weit kommen lassen, dass die **Praktiker aussterben**. Mit einer Eins in Mathematik und einer weiteren Eins in Chemie, aber **mit einer Fünf in Sport kann niemand Sportler ausbilden.**«

»Rückgrat haben ist eine Gesamtheit. Einzelne Wirbel nützen gar nichts.«

»Ein plötzlicher Umschlag des Wetters bedingt oft einen Wechsel in den taktischen Plänen.«

»Der beherrscht zwar bestimmt die deutsche Sprache, aber ich bin der **bessere Taktiker**. Auch wenn ich Training mit ›e‹ schreibe.« *(Gyula Lorant)*

Trainer Hennes Weisweiler mit Ehefrau Gisela und Sohn John

»Wer sich in dieses Geschäft begibt, muss aufhören zu träumen. Selbstverständlich muss der Mensch träumen. Aber das soll er bitte nachts tun. Das gilt auch für Fußballprofis. Wobei ich allerdings hinzufügen muss: Die sollen nachts lieber schlafen!«

Reporter zu Lattek: »Nun sind Sie tatsächlich Deutschlands erfolgreichster Trainer aller Zeiten.« Lattek: »Ja, aber nur, weil der **Hennes Weisweiler inzwischen tot ist.**«

»Unser **Busfahrer** ist gerade glänzend in Form. Frentzen hat es schwer, ihn zu verdrängen.«

(Rolf Rüssmann, als man nach einer Form der Unterstützung von Frentzen für die Aktion »Boruss-Ja wir halten zusammen« schaut)

»Ich bin im Keller und putze meine Waffen.«

(Anrufbeantworter-Spruch von Toni Polster)

»Ich habe ihn gleich **umgetreten**. Deswegen habe ich einen Vertrag bekommen.«

(Lothar Matthäus über seinen Einstand bei Borussia Mönchengladbach, er meint Berti Vogts)

»Ich bin keiner, der Fremdwörter gebraucht und dann eine Dreiviertelstunde lang vor dem Lexikon hockt und nachschaut, was sie bedeuten.«

(Wolfram Wuttke)

»Es ist wichtig, dass man **90 Minuten** mit **voller Konzentration** **an das nächste Spiel** **denkt**.«

(Lothar Matthäus)

»Die meisten Spiele, die 1:0 ausgingen, wurden gewonnen.«

(Günter Netzer)

Am 27. Spieltag 1971 fällt auf dem Bökelberg ein Tor. An sich nichts Ungewöhnliches, doch diesmal ist es das hölzerne Tor der Borussia. Als beim Spiel gegen Werder Bremen Laumen Minuten vor Schluss beim Stand von 1:1 ins Tornetz stürzt, bricht ein Pfosten. Wegen **»schuldhaften Herbeiführens eines Spielabbruchs«** (so das DFB-Urteil) wird die Partie mit 2:0 für Bremen gewertet. Konsterniert schreiben die Gladbacher Profis einen öffentlichen Brief und fragen sich: »Sind wir eigentlich Lizenzspieler oder Bauarbeiter? Wo steht denn geschrieben, dass wir Spieler verpflichtet sind, den Platzaufbau vorzunehmen, für den städtische Angestellte verantwortlich sind? Was haben wir Spieler denn für eine Schuld daran, wenn irgendwo im städtischen Sportgelände ein Stück Holz kaputtgeht und nicht mehr zu reparieren ist?« Pikantes Detail am Rande: Der Verursacher Laumen wechselt nach der Saison zu Werder.

»Der kleine Oliver Neuville. Er schaut immer so traurig drein. Man möchte ihn am liebsten an die Hand nehmen und ihm ein Eis kaufen.«

(Reinhold Beckmann)

»Man sollte jeden einladen, über den Platz zu gehen. Hier kann man sowieso nichts mehr kaputtmachen.«

(Thomas Schaaf zum Zustand des Rasens auf dem Bökelberg)

Die Gladbach-Anhänger zelebrieren den Abstieg ihres Klubs mit einem Schuss Galgenhumor. Auf die Melodie des alten Schlagers »Mendocino« dichten sie den neuen Klassiker »Unterhaching« mit der Liedzeile: »An jeder Tür klopfe ich an, doch keiner kennt den Weg nach Unterhaching.«

»Wie gute Ehemänner: Was wir auswärts verdienen, geben wir zu Hause ab.«

(Toni Polster nach einem Auswärtssieg und einer Heimpleite)

»Vielen Dank, dass Sie bei uns waren und trotzdem noch einen schönen Abend.«

(SAT1-Ran zu Interview-Partner Lienen)

Nach einer Niederlage auf dem Betzenberg will Torwart Wolfgang Kleff nur noch weg. Zu Journalisten: »Ich habe nichts gehört, nichts gesehen, weiß nichts und will auch nichts sagen!« Ein sehr spontaner Reporter zu Kleff: **»Und gehalten hast du ebenfalls nichts!«**

»Warum muss Deutschland den Zuschlag für die Fußball-WM 2006 erhalten? Weil Lothar Matthäus dann nicht mehr transportfähig ist.«

(Mehmet Scholl)

»Es gibt nur ein Ziel: Wenigstens ein Tor mehr zu schießen als die anderen. Alles andere ist ein Zwischenbescheid.«

(Berti Vogts)

»Nein, der ist mir zu teuer geworden. Die haben den Preis um einen halben Euro erhöht.«

(Hans Meyer auf die Frage, ob er für den Fall eines Sieges gegen Bayern eine Flasche Rotkäppchen-Sekt im Kühlschrank hätte)

Starschnitt
Jupp Heynckes

»Solange du die Musik der Spieler noch hörst, kannst du Trainer sein.«

»Vor der Saison hat man mir mitgeteilt, dass wir vorne gut bestückt sind.«

»An Pressekonferenzen mag ich nicht, dass aus einem richtigen Fehler dann meist eine völlig falsche Selbstkritik gemacht wird.«

»Beim Trainerkarussell kommt mir immer die alte Graf-Bobby-Witz-Manier in den Sinn: Graf Bobby und der Poldi fahren Eisenbahn. Bobby sitzt in Fahrtrichtung, Poldi ihm gegenüber. Nach der Hälfte der Strecke sagt Bobby: ›Poldi, lass uns die Plätze wechseln, ich kann dein Gesicht nicht mehr sehen.‹«

»Fußballer sind schöpferische Wesen. Die erschließen sich ständig neue Gebiete, auf denen sie Fehler machen können.«

»Meine Spieler haben heute während des Spiels die **Zeit totgeschlagen** und dabei leider auch einige **Mitglieder der Gegenmannschaft verletzt**.«

»Meine Zukunft ist klar. In zehn Jahren bin ich **Pensionär**. Noch Fragen?«

»Fußballprofis haben Woche für Woche Höhepunkte.«

Auch in der Saison 75/76

Feuer frei für Jupp Heynckes

Der Torschützenkönig der letzten Saison, Jupp Heynckes (links), wird an allen Fronten benötigt: er soll Tore für Gladbach zur Verteidigung des Meistertitels schießen und auch Tore im Europapokal der Meister. Und im DFB-Pokal ist Borussia auch noch dabei! Rechts kicker-Chefredakteur Karl-Heinz Heimann bei der Überreichung der „Kanone"

Bild: Bewi

»Der Wagen ist gewaschen und vollgetankt.«

(Seine letzten Worte nach dem Rücktritt bei Borussia Mönchengladbach und der Rückgabe des Dienstwagens)

»Mein Bruder weint heute noch, wenn er den Namen **Jupp Heynckes** hört.«

(Dieter Hoeneß)

»Hey Heynckes, gehen wir mal gerade vor die Tür!«

(Stefan Effenberg in der Kabine zu Trainer Jupp Heynckes)

»Der glüht ja wieder wie 'ne Osram-Birne.«

(Wolfram Wuttke über Jupp Heynckes' roten Kopf)

»Jeder Wetterbericht ist aussagekräftiger als ein Gespräch mit Heynckes. Der soll lieber Schlafmittel verkaufen.« *(Christoph Daum)*

»Der Jupp Heynckes ist lockerer geworden. Der hatte früher sogar einen Rückspiegel im Bus, um auch auf den hinteren Rängen alles mitzukriegen.«

(Reinhard Saftig)

Was für eine Reise!

Februar 2013. Heimspiel in Rom. Tausende Borussen an der Spanischen Treppe. Und dann schießt Markus Schotten aus Erkelenz einen Ball direkt in ein geöffnetes Fenster. Hinterher sagt er dem »11Freunde«-Magazin: »Der Borussen-Gott hat den Ball aus dem Himmel direkt zu mir fallen lassen. **Es war der perfekte Moment**, ich kam gerade gestärkt von einem bekannten Schnellrestaurant. Ich wusste, dass ich nur diese eine Chance bekomme, weil der Aufbruch bevorstand.« Es sollte das einzige Tor der Borussia an diesem Tag bleiben. Und so wird Schotten zum »Helden von Rom«!

»Wenn in den siebziger Jahren sich ein Verein in **die Herzen der Fans** in ganz Deutschland spielt und der holt Jahrzehnte keinen Titel. Dann fährt dieser Verein nach Rom und da stehen 10.000 und Italien versteht die Welt nicht mehr, weil man so etwas nicht erklären kann – **das ist Tradition!**«

(Hansi Küpper)

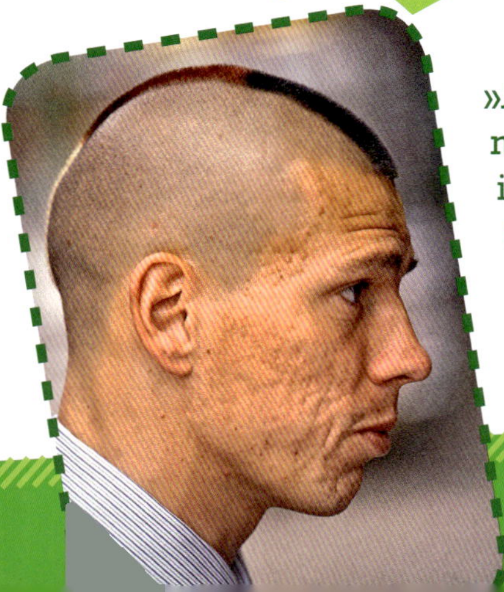

»Alle Leute in allen Schichten müssen kämpfen, da kann ich doch wohl nach ein paar Schlägen auf die Zähne beißen.«

(Christian Ziege, nachdem er trotz eines Blutergusses im Oberschenkel weitergespielt hatte)

Saison 1994/95: Stefan Effenberg ist zurück aus Italien und gleich wieder der umjubelte Star der Bundesliga. Nach einer verlorenen Wette in Thomas Gottschalks »Wetten, dass…?«-Sendung lässt sich der Neu-Gladbacher in der RTL-Late-Night-Show »Gottschalk« im September eine aufsehenerregende **Frisur im Tigerlook** verpassen. Der englische Punk-Coiffeur Collin Watkins darf den Hinterkopf des Fußballstars scheren und einen Tigerkopf aufmalen. Ehefrau Martina wird mit einem Rosen-Tattoo im Haar beglückt. Natürlich ist ihr Mann am kommenden Spieltag der **Star in der Manege** Bundesliga.

»Ich brauch' ja gar nicht in den Pass zu schauen, ich brauch' ja nur **in die Zeitung** zu schauen, um zu wissen, wie alt ich bin.«
(Lothar Matthäus)

»Ich rauche gelegentlich 'ne Zigarette. So nach dem Spiel kann das nicht schaden, das mindert die Leistung überhaupt nicht. Man muss ja nicht gleich hundert Stück paffen.«
(Wolfram Wuttke)

»Erst neulich hat mir **Uli Hoeneß** gesagt: ›Toni, dass wir dich nie geholt haben, war ein großer Fehler.‹ Das hat mir gut getan. Dafür habe ich den Bayern dann gleich zwei eingeschenkt, als sie bei uns antraten. **Hat auch gut getan.**«

(Toni Polster)

»Zwischen Genie und Weinfass.«

(Überschrift in der »Süddeutschen Zeitung« über Wolfram Wuttke)

Amtlich verbrieft ist eine Geschichte, die Wolfram Wuttke zusammen mit seinem Gladbacher Teamkollegen Frank Mill erlebte. Damals haben die beiden in einem Container vor ihrem Mannschaftshotel eine Schaufensterpuppe entdeckt. Und da Wuttke mit seinem Trainer Jupp Heynckes, dem er auch den Spitznamen »Osram« verpasst hatte, eher ein gespaltenes Verhältnis pflegt, entschließt man sich, dem Coach die Puppe ins Bett zu legen. Und der fällt auf den Schabernack tatsächlich rein. Heynckes denkt, es handele sich um eine echte Frau, die sich da in seinen Laken räkelt, und rennt sofort mit hochrotem Kopf zur Rezeption. Dort haben sich schon Wuttke und Mill positioniert und lachen bei der Ankunft ihres Übungsleiters Tränen.

Dezember 1982: Trainer Jupp Heynckes, Wolfgang Kleff und Wolfram Wuttke im Mannschaftsbus

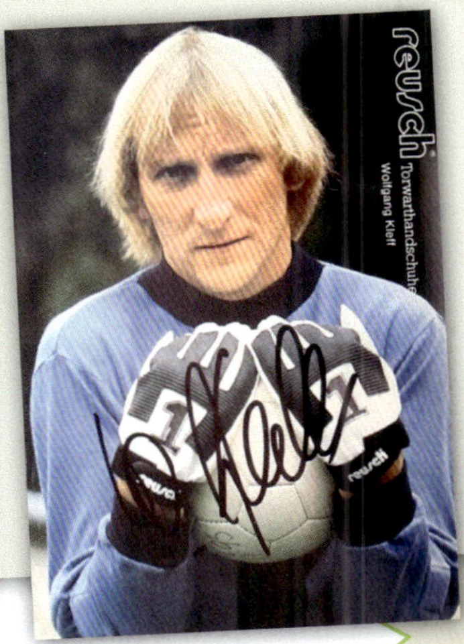

Gladbachs Coach Hennes Weisweiler bittet seinen frisch engagierten Fitnesstrainer Drygalski um eine Analyse des Spiels in Bremen. Der Mann antwortet leicht verschüchtert: »Die Laufarbeit war eher nicht ausreichend.« Und? »Eines der beiden Tore war haltbar.« Und? »Der Kleff läuft auf dem ganzen Fuß – wie eine Frau!« Später auf der Heimfahrt ruft Weisweiler quer durch den Bus: **»Kleff! Wissen Sie, was der Drygalski sagt? Sie laufen wie ein Weib!«**

Juli 2001: Die Fohlen gewannen das erste Saisonspiel gegen die Bayern 1:0. Zur Freude der Zuschauer zog Maskottchen Jünter dem Stadionsprecher Knippertz nach dem Spiel die Lederhose aus ...

»Wenn der **Mannschaftsbus** so oft liegenbleibt, wie **die Spieler zum Schluss, wird's für Ingolstadt 'ne lange Heimreise!«**

(Stadionsprecher Torsten Knippertz während der Saison 2015/16)

»Der neue Rahmenterminkalender ist so voll, da gibt es in den nächsten zwei Jahren keinen Termin, an dem man mit seiner Frau Kaffee trinken kann. Mein Stuhl in Köln ist aber sicherer.«

(Ewald Lienen, nachdem er bei der Pressekonferenz nach dem 2:1 beim FC St. Pauli einen kaputten Stuhl erwischt hatte, von dem er nur noch knapp über die Tischkante gucken konnte)

»Der Schütze sollte nie selber schießen.«

(Günter Netzer)

Starschnitt
Uli Borowka

Diese Fundstücke hat Uli Borowka dem Autor zur Verfügung gestellt.

Uli Borowka ist von 216 Profis zum größten **»Treter der Bundesliga«** gewählt worden. Seine Frau Carmen reagiert etwas geschockt, als sie von der »Auszeichnung« erfährt: »Jetzt weiß ich erst, mit was für einem Rüpel ich verheiratet bin. Eigentlich müsste ich mich von Uli scheiden lassen.« Borowka selbst nimmt die Sache auch eher mit Humor. Er findet es nur schade, dass er nichts Vorzeigbares in den Händen halten kann: »Es gibt doch immer Nadeln und Pokale. Ich bestehe jetzt auf einem **eisernen Schuh**!«

»Ich bin nicht der Sündenbock, aber ich bin immer der Sündenbock!«

Frage an Uli Borowka:
»Sind Sie eigentlich romantisch?«
(Sabine B., 2000 Hamburg 60)
Antwort von Uli:
»Da muss ich meine liebe Frau fragen.«
Antwort von Carmen Borowka: **»Nein!«**

»Mein Talisman ist eine Krawattennadel mit einem Hackebeil. Ein Geschenk meiner Frau, die meint, das würde zu meinem Erscheinungsbild auf dem Fußballplatz passen.«

»Ich würde diese Hosen sogar im Bett anziehen, wenn ich friere.«
(Zum Thema Liebestöter)

»Ich spiele so Golf, wie ich früher Fußball gespielt habe: **Hau drauf**, und dann musste gucken, wie du aus der Sülze rauskommst.«

»Auch wenn wir heute verlieren, einer von euch kommt heute noch ins Krankenhaus.«

»Ich habe jetzt 'ne **Titanplatte im Fuß**, damit es am Schienbein des Gegenspielers besser klingelt.«

Eigentlich zimmert Haudeden Uli Borowka die Bälle gerne mit ordentlich Karacho aufs Tor. Doch seinen Treffer zum 0:1 beim 1. FC Kaiserslautern (2:3) erzielt er mit einem eleganten Schlenzer. Die Begründung für die andere Schusstechnik klingt einleuchtend: **»Kurz vor der Szene brach meine alte Zerrung wieder auf, da konnte ich nicht voll draufhauen – also habe ich den Ball gelupft!«**

Uli Borowka mit seiner Freundin Carmen

»Das Positivste an dem Spiel war, dass ich hier viele alte **Bekannte getroffen** habe. Leider aber nicht den Ball.«

(Wolfram Wuttke)

»Vielleicht komme ich mal als **Karnickel** wieder auf die Welt.«

(Lothar Matthäus)

»Wenn kein Gegner mehr da ist, ist Fußball richtig schön.«

(Hans Meyer)

Frank Mill ist nach einer 3:0-Niederlage beim 1. FC Köln stinksauer – nicht auf sein Team, sondern auf seinen Gegenspieler Paul Steiner: »Der tritt mich, wo er nur kann, und bekommt nicht einmal Gelb zu sehen. Jetzt weiß ich, wie dem Heinz Flohe damals zumute war.« Bei Frank Mill läuft Paul Steiner ab sofort nur noch unter dem filmreifen Spitznamen »Der Schlitzer«!

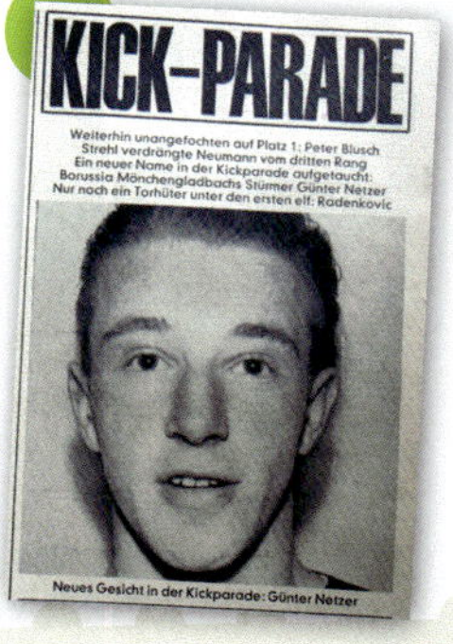

KICK-PARADE

Weiterhin unangefochten auf Platz 1: Peter Blusch
Strehl verdrängte Neumann vom dritten Rang
Ein neuer Name in der Kickparade aufgetaucht:
Borussia Mönchengladbachs Stürmer Günter Netzer
Nur noch ein Torhüter unter den ersten elf: Radenkovic

Neues Gesicht in der Kickparade: Günter Netzer

»Es gibt im Fußball eben Wellentäler wie im normalen Leben oder an der Börse.«

(Günter Netzer)

»Vogts ist doch nur ein Weltklasseverteidiger geworden, weil er **wie ein Berserker** ausgeteilt hat.«

(Friedhelm Funkel)

»Das ist schon toll, dass ich das mit meinen 35 Jahren noch erleben darf.«

(Toni Polster zum wütenden Pfeifkonzert wegen seiner Auswechselung)

»Als Trainer habe ich schnell gelernt: man kann sich nichts notieren, wenn man **keinen Zettel** hat.«

(Ewald Lienen)

Manager Helmut Grashoff will die angespannte Stimmungslage nicht akzeptieren: »Ich habe den Eindruck, dass einige von dem Standpunkt ausgehen: ›Kannst du nicht erfolgreich sein, dann schlag ich dir den Schädel ein!‹ So geht's mit Sicherheit nicht!«

»Der Weisweiler bildete in der Sporthochschule ja Bundesligaspieler aus, die eine Lizenz machen wollten. Da hat er immer diejenigen nach vorne geholt, die am nächsten Samstag gegen Gladbach spielen mussten. Heute machen wir Taktik, hat er erklärt und denen dann gesagt: **Jetzt zeig doch mal auf, wie ihr so spielt!**«

(Wolfgang Kleff)

Wolfgang Kleff (1982)

Uli Stielike im März 1977

»Fußball war schon immer ein Dschungel, in dem man mit Affen herumturnen muss.«

(Uli Stielike)

»Wenn ich mit allen Leuten, mit denen ich schon Ärger hatte, nicht mehr sprechen würde oder zusammenarbeiten könnte, stünde ich des Öfteren **alleine** auf dem Platz.«

(Lothar Matthäus)

Günter Netzer als **Nikolaus** bei der Familie Breitner? Es gibt schon komische Dinge, wie sich Paul Breitner erinnert: »Günter hat zweimal den Nikolaus bei uns gemacht! Wir haben es kein drittes Mal versucht, weil eine unserer Töchter gesagt hat: **›Du, Günter, schon komisch, der Nikolaus hat genauso ›Tichtuch‹ gesagt wie du!‹«**

Weihnachten 1968 bei Borussia Mönchengladbach: Netzer, Vogts und Wimmer

»Und wenn ich mir die Haare bis zum Arsch wachsen lasse, dann lasse ich sie mir eben bis zum Arsch wachsen.«

(Marcell Jansen zur Fan-Kritik an seiner Frisur)

»Vor dem Spiel habe ich gehört, dass uns **neun Stammspieler** fehlen. Da muss auch der **Hausmeister und seine Frau** dabei gewesen sein.« *(Hans Meyer)*

»In den ersten Jahren unter Weisweiler fuhren die Borussen am Vorabend eines Spiels noch geschlossen mit dem Bus ins Kino. Später dann blieb der Hennes im Hotel, drosch mit Freunden bei Pils und Fernet-Branca einen zünftigen Skat, während die Spieler im Privatauto zum Kino fuhren. Den Abschluss bildete meist eine wilde Rallye zurück zum Hotel.«

(Jupp Heynckes in seinem Buch »Fußball aktiv – Training und Spiel«)

»Borussia ist ein multimorbider Risikopatient. Krank ist das Herz, das Hirn und der Bewegungsapparat. Zudem leidet sie an Immunschwäche.«

(So beschreibt Wilfried Jacobs, Gladbachs Präsident und zudem Vorstandsvorsitzender der AOK Rheinland, seinen eigenen Verein.)

Starschnitt
Berti Vogts

Rudi und ein Fußballstar — erkennen Sie ihn? Es ist Berti Vogts, der sich in einer Carrell-Sendung in eine mondäne Frau verwandeln ließ. Was Masken ausmachen!

»Wenn mich der Konopka zu sehr geärgert hat, ist der Berti über die Mittellinie gekommen und **hat mich gerächt**. Das war zwar gegen meine pazifistische Grundeinstellung, aber tief drinnen habe ich eine leichte Genugtuung gespürt.«

(Ewald Lienen über die früheren Derbys zwischen Gladbach und Köln)

»Ich halte Vogts für einen Pflichtklopper. Wenn der nur ein Bein hätte, würde er weiterlaufen.«

(TV-Moderator Erich Böhme)

»Der glaubt, durch sein Geschrei zur Persönlichkeit zu werden.«

(Bernd Cullmann bei der WM 1978 in Argentinien)

»Ich bin mir sicher, unserer Mannschaft wird nichts passieren.«

(Als Mannschaftskapitän bei der WM in Argentinien zur Folterpraxis des dortigen Militärregimes)

Ein bißchen Clownerie um den neuen Nationalmannschafts-

»Wenn ich so Fußball gespielt hätte wie Berti Vogts, so als reiner **Wadenbeißer**, dann hätte ich mit 18 Jahren meine Fußballschuhe verbrannt.«

(Klaus Toppmöller)

»Wenn jeder Spieler zehn Prozent von seinem Ego an das Team abgibt, haben wir einen Spieler mehr auf dem Feld.«

»Hass gehört nicht ins Stadion. Die Leute sollen ihre Emotionen zu Hause in den Wohnzimmern mit ihren Frauen ausleben.«

Vor sieben Jahren stand er hinter dem Schraubstock, jetzt sitzt er hinter seiner Filmkamera. Keine Fußball-Reise macht Berti Vogts ohne die Filmkamera. Sogar vom Flugzeug aus dreht er seine Filme.

»Ich glaube, dass der Tabellenerste jederzeit den Spitzenreiter schlagen kann.«

»Auf eine bessere Zukunft.«

(Trinkspruch des scheidenden Torhüters Jörg Stiel auf seinen Trainer Holger Fach)

»Im Inneren habe ich schon **seit Wochen** daran geglaubt, dass wir gegen Bayern 2:2 spielen.«

(Hans Meyer)

Bei einem Freundschaftsspiel in Valencia kommt es einmal fast zum Eklat, wie sich Rainer Bonhof erinnert: »Der **Ewald Lienen** hat damals einen Riesenfehler begangen gegenüber dem Publikum. Als die eine Büchse nach ihm warfen, rollte er sie nicht einfach auf dem Boden zurück, wie das sonst hier Sitte ist, sondern warf sie voll Wut mitten in die Ränge. Heynckes musste ihn zehn Minuten später runterholen, sonst hätten sie den Lienen hier gelyncht. Die pfiffen ihn schon aus, wenn der Ball noch einen Meter von seinem Fuß entfernt war.«

Saison 1979/80, UEFA-Pokal, 3. Runde: Borussia Mönchengladbach trifft auf Universitatea Craiova (2:0), und hier wird Ewald Lienen von seinem Gegenspieler getroffen.

In Gladbach sorgt ein junger Mann namens Kurt Pinkall für Furore. Und das nicht nur aufgrund seiner wunderschönen Tore, die er für die Borussia schießt. Sein gelernter Beruf treibt die Presse zu immer neuen, poetischen Höhenflügen: »Der schnellste Postbote der Liga«, »Der flinke Briefträger«, »Postbote Pinkall ließ die Post abgehen«, ebenfalls schön: »Postbote Pinkall stellte zu«!

»Ein guter Eckball ist wie eine Traumfrau: starke Kurve und **unheimlich scharf**.«

(Winfried Schäfer)

Winnie Schäfer
im Jahr 1969

»Ich stelle immer wieder fest, dass die Spieler **früher ins Bett** gehen, wenn ihre **Frauen im Hotel** sind.«

(Oliver Bierhoff)

Starschnitt
Toni Polster

»Ich kann nicht mehr als schießen. Außerdem standen da 40 Leute auf der Linie.«

(Über eine vergebene Torchance)

»Ich habe es mir sehr genau überlegt und dann spontan zugesagt.«

(Über seinen Wechsel zu Borussia Mönchengladbach)

»Ein Toni Polster ist noch nie abgestiegen.«

»Niki Laudas Zahnarzt.«

(Auf die Frage, wen er gerne kennenlernen würde)

»In Köln haben sie vier Tage lang die Geschäftsstelle abgeschlossen und jede halbe Stunde eine Flasche Sekt entkorkt, als sie den Toni Polster für 1,8 Millionen Mark nach Gladbach verkauft hatten.«

(Hans Meyer)

»Wenn du schon nicht gewinnen kannst, musst du wenigstens sehen, dass du nicht verlierst.«

»Das, was ich schon die letzten 20 Jahre gemacht hab', mich wichtig machen und deppert reden!«

(Auf die Frage, was er im Management tun werde)

»Auf ewig verewigt, was bedeutet das schon?«

(Frank Mill, nachdem er das 25.000. Tor der Bundesligageschichte erzielt hatte)

»Ich habe ihn liquidiert. Wenn er etwas will, soll er sich vorher seinen Ausweis anhängen, damit seine Mutter ihn nicht nur an der Blutgruppe erkennt.«

(Toni Polster über Jörg Neun)

Stefan Effenberg und Jörg Neun spielen Schach.

»Igor hat eine anstrengende Woche hinter sich und ist gestern erst nach Hause gekommen. Eventuell hat ihn seine **Tochter** nicht schlafen lassen. Von seiner **Frau** will ich erst gar nicht reden.«

(Hans Meyer über Igor Demo)

»Ich verspreche euch: Ich bleibe bei **Borussia**!«

(Heiko Herrlich zu den Fans kurz vor seinem Wechsel zu Borussia Dortmund)

SIE KÖNNTEN DRILLINGE SEIN ...

Karl-Theodor zu Guttenberg
Der Wirtschaftsminister hat zwei prominente Doppelgänger ...

Daniel Westling
Der Verlobte von Schwedens Kronprinzessin Victoria sieht ihm am ähnlichsten ...

Lothar Matthäus
Der Fußballtrainer müsste nur eine Brille aufsetzen – der Mund ist nahezu identisch

»Ein Lothar Matthäus gehört in den **Sportteil** und nicht auf die **Klatschseiten**. Daran arbeite ich.«

(Lothar Matthäus)

»Wenn man dann auf allen Sendern vertreten ist die ganze Woche, 14 Tage lang.«

(Wolfgang Kleff)

»Wir haben alles versucht. Aber er denkt, dass jeden Samstag Freundschaftsspiel ist.«

(Dick Advocaat über die Verbannung des tschechischen Fußballprofis Marek Heinz ins Amateurteam)

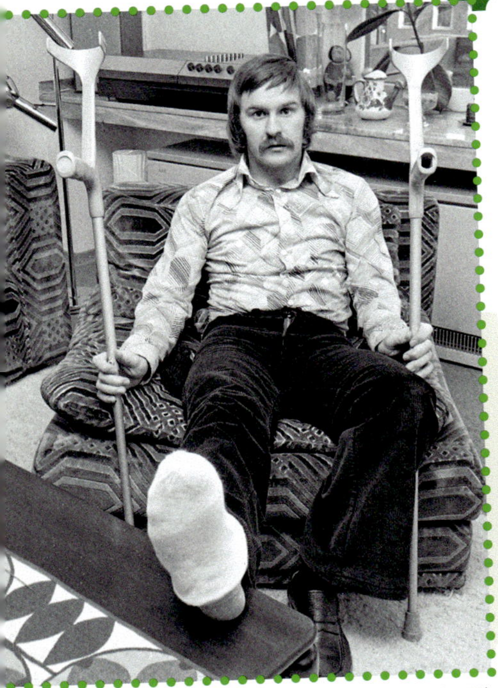

Horst Köppel verletzt (1975)

»Ich sehe in der Bundesliga Spieler, denen springt beim Stoppen der Ball weiter vom Fuß, als ich ihn jemals schießen konnte.«

(Horst Köppel)

»Gleich die Zone verlassen und nächste Woche wiederkommen.«

(Bernd Korzynietz zu einer TV-Journalistin, die den Abwehrspieler mit Heiko Westermann verwechselte)

»Wir waren beim letzten Mal schon kurz davor. Heute haben wir uns gesagt: Wir machen es.«

(Martin Max über einen Jubel-Kuss)

Berti Vogts hat einmal erzählt: »Wir sind früher mit der Bahn zu Auswärtsspielen gefahren, mussten immer in Köln oder Düsseldorf umsteigen, das Gepäck umladen. Wenn wir verloren hatten, durften wir auf der Rückfahrt zur Strafe nicht in den Speisewagen, und wir haben in der Anfangszeit häufig verloren. Ich erinnere mich mit Grausen an die Spiele in Kaiserslautern, wenn wir die Koffer mit unserer Ausrüstung vom Bahnhof bis auf den Betzenberg schleppen mussten.« Rückfrage des Reporters: **»Günter Netzer hat seine Koffer getragen?«** Und Vogts lächelnd: »Natürlich nicht. Der hat einem Ersatzspieler fünf Mark in die Hand gedrückt und **tragen lassen.**«

Nach dem Sieg ging's auf die Wies'n: Mönchengladbachs Vogts (rechts) und Herbert Wimmer

»Ein Stürmer ohne Fantasie ist wie ein Tier ohne Instinkt.«

(Wolfram Wuttke)

Starschnitt
Ewald Lienen

»›**Müsli-Ewald**‹, wie wir ihn nannten, fühlte sich berufen, vor allem uns jüngere Spieler von den angeblich unschlagbaren Vorteilen eines frisch gemahlenen Müslis zu überzeugen. Gesunder Ernährung war ich als Leistungssportler natürlich nicht generell abgeneigt, aber Ewald ging mir damals doch ziemlich auf den Keks. Während wir anderen versuchten, ein kleines Mittagsschläfchen zu halten, **röhrte aus Ewalds Zimmer die mitgebrachte Müsli-Maschine**. Wie viele schlechte Träume das Teil ausgelöst hat, möchte ich gar nicht wissen.«

(Mannschaftskamerad Uli Borowka in seinem Buch »Volle Pulle«)

»Ich werde einen Teufel tun und Ewald widersprechen. Er hat sich ja alles ganz genau notiert.«

(Felix Magath zur Spielanalyse von Ewald Lienen)

»Der Ewald Lienen saß früher auf der Trainerbank mit Bleistift, Block und einem Gesicht wie bei einer Vollbremsung.«

(Max Merkel)

»Wenn du heute in die Fußgängerzone gehst, musst du aufpassen, dass nicht **jeder Dritte** dich anspricht und **dir einen Spieler andrehen** will.«

»Wir haben 90 Minuten seriös um die Punkte gekämpft.«

»Man kann von bestimmten Leuten derart geschickt ein Bein gestellt bekommen, dass man sein Leben lang hinfällt.«

»Mein Thema heute ist das Spiel gegen den 1. FC Stuttgart.«

Ewald Lienen spielt Tischfußball mit Kindern in einem Heim für geistig Behinderte.

»Manchmal denk' ich, was da auf meinem Hals sitzt, ist nur ein riesiger Fußball.«

»Wenn wir heute Abend schon mit Karneval anfangen, am 11.11., in welchem Zustand sollen wir dann im März sein?«

Hennes Weisweiler

Am 14. Februar 1948 berichtet die »Rheinische Zeitung«:

»Wie wir nach Redaktionsschluss erfahren, ist Hans Weisweiler vom 1. FC am Samstagabend an den Folgen des Schädelbruchs, den er beim Endspiel gegen Rhenania Würselen erlitt, gestorben. Mit seinen Freunden stehen wir erschüttert an der Bahre des aufrechten Sportlers.« Eine klassische Falschmeldung. Weisweiler reagiert damals entspannt: »Aber doch nicht mit meinem Dickschädel.«

»Wenn der **Oli Kahn** den Arm hebt, dann ist Abseits.«

(Michael Frontzeck)

»Was nützt der schönste Teller, wenn nichts zum Essen darauf ist.«

(Friedel Rausch, nachdem ein Spiel trotz guter Leistung verloren wurde)

»Das ist zwar Gequatsche, aber es bewahrheitet sich immer wieder: Es gibt einen Gott im Fußball.«

(Winfried Schäfer)

»Wieso zweiter Frühling?
Ich erlebe meinen vierten!«

(Frank Mill)

»Das liegt meistens an den Fotografen, die machen immer so grimmige Fotos von mir.«

(Wolfram Wuttke auf die Frage, warum er immer so ernst gucke)

»Vierzig Jahre keine Südfrüchte – und jetzt das!«

(Hans Meyer während eines Trainingslagers in Portugal vor einem Apfelsinenbaum)

»Während ich mich bückte, hat mir der Franz Beckenbauer mal einen Freistoß gestohlen. Mensch, war ich sauer, aber leider ging der Ball rein.«

(Günter Netzer)

Starschnitt
Stefan Effenberg

»Auch wenn es unmöglich ist, ist es noch möglich.«

»Wir haben uns auf jeden Fall vorgenommen, Druck zu machen und das zweite Tor nachzulegen.«

(Auf die Frage, was sich die Mannschaft beim Halbzeitstand von 2:0 für die zweite Hälfte vorgenommen hätte)

»Adidas – zwei, drei Tage Arbeit im Monat. **So wie Klinsmann.**«

(Über zukünftige Job-Pläne)

»Wenn wir manchmal so spielen würden, wie er singt, dann wären wir ganz oben.«

(Über Rod Stewart)

»Gibt man ihr den Schlüssel, findet sie ihr Hotelzimmer allein. Sie weiß auch, wie der Wasserhahn aufgeht.«

(Über seine Frau)

Stefan Effenberg als Laienprediger

»Ich habe ein verflucht großes Problem **Ich bin immer ehrlich.«**

»Ich würde das schon gerne tun. Um sieben Uhr ins Büro, bisschen saubermachen, dann trainieren, und wenn die hier auf der Geschäftsstelle dann fertig sind, komme ich und mache wieder sauber. Kein Problem.«

(Auf die Frage, ob er sich vorstellen könnte, als Profi wie normale Arbeitnehmer acht Stunden täglich zu arbeiten)

Stefan Effenberg mit Ehefrau und DFB-Pokal

»Wenn ich zur Ecke gehe, das weiß jeder, dann kommen Feuerzeuge und Geldstücke geflogen. Das war ein Zeichen, dass man dies eigentlich nicht machen sollte. Zumal nach der Euro-Umstellung viele nicht mehr so viel Geld in der Tasche haben. Da sollten die Leute lieber das Geld in der Tasche behalten, anstatt es zu mir zu werfen. Nicht zuletzt wegen der Steuererhöhung und was alles noch so kommt.«

(Als Erklärung für seine Scheibenwischergeste zu den Zuschauern in Bochum)

»Hitlers Tagebuch. Das hat mich dann doch interessiert.«

(Bei der Vorstellung seines Buches auf die Frage, welches Werk der Weltliteratur ihn besonders geprägt habe)

»In 15 oder 20 Jahren, da leben wir beide schon gar nicht mehr ...«

(Zu einem Journalisten)

»Ab sofort wähle ich Stoiber.«

(Als er erfuhr, dass ihn Edmund Stoiber im Duell mit Michael Ballack als Sieger gesehen hatte)

Berti Vogts (ganz rechts) im Gespräch mit Johan Cruyff und Hennes Weisweiler

Vor der Saison 1975/76 frotzelt der scheidende Gladbacher Trainer Hennes Weisweiler: **»Die Borussia wird wieder Meister, das wird auch der Udo Lattek nicht verhindern können.«** Und er hat recht. Denn Weisweilers Schatten ragt auch in die neue Spielzeit hinein. Berti Vogts erinnert sich: »Wir waren traurig, dass Hennes Weisweiler nach Barcelona gegangen ist. Wir wollten ihm beweisen, dass wir auch ohne ihn Meister werden können, dass wir erwachsen geworden sind.«

»Nicht nur weil er **so gut aussieht wie ich,** sondern weil ich glaube, dass er in der Politik sehr viel bewegt hat in den letzten Jahren.«

(Lothar Matthäus über Karl-Theodor zu Guttenberg auf die Frage, warum der 50-Jährige sich eine Rückkehr des Ex-Verteidigungsministers in die Politik wünsche)

Starschnitt Uwe Rahn

Torjäger Uwe Rahn ist in einer Topform – wenigstens bei der TV-Show »Wetten, dass …?«. Mit dem Flugzeug geht es nach der Partie gegen Leverkusen (2:1) nach Basel. Dort erwartet ihn Moderator Frank Elstner schon sehnsüchtig. Rahn muss im **Elfmeterschießen gegen einen Bagger** antreten und entscheidet das Spiel souverän für sich. Stolz meint er hinterher: **»Wir können das Ding noch ein paar Mal wiederholen, ich gewinne immer.«**

Bei Uwe Rahn reißen nach einem Zusammenprall mit Stuttgarts Bernd Förster zwei Bänder im linken Knöchel. Unter Schmerzen wird der Gladbacher vom Platz getragen. Die Fans skandieren »Uwe, Uwe, wir rächen dich!« – und wollen die Fenster der Schiri-Kabine mit dicken Pflastersteinen einschmeißen. Doch das geht knapp daneben. Uwe Rahn: »Tja, da haben sie wohl das Fenster des Schiedsrichterraums mit dem unserer Kabine verwechselt.«

Ein Gutes hat die Verletzung des Jungprofis aber – Rahn kann sich ausgiebig um seine zahlreiche Fanpost kümmern. Und die ist meistens nicht nur an ihn ganz allein gerichtet: »… und möchte ich dich herzlich bitten, mir gleich auch **ein Autogramm deines berühmten Vaters** mitzuschicken!«

Uwe Rahn mit seiner Frau Edelgard

Starschnitt Hans Meyer

»Ich kann saufen ohne Ende.«

»In meinem grenzenlosen Optimismus habe ich damals nach der Wende geglaubt, dass morgen oder spätestens übermorgen **die Bayern bei mir anrufen.**«

»Wir sind völlig unverständlich auf den **Pfad der Verunsicherung** geraten.«

»Vor zwei Jahren gab es hier auf der Pressekonferenz noch Brötchen. Ich denke, das sind die ersten Auswirkungen der Kirch-Krise.«

»Ich musste lesen, dass sich der Meyer für klassische Musik interessiert. Da lachen sich ja alle, die mich kennen, halbkrank! Fürs Kulturelle ist eher meine Frau zuständig.«

»Ich werde nicht vorher bekannt geben, wer spielt, sonst hat Bayern-Trainer Ottmar Hitzfeld noch eine **schlaflose Nacht.**«

(Vor einem Spiel gegen den Rekordmeister aus München)

Der Gladbacher Fanblock bedankt sich mit einem Plakat bei Ex-Trainer Hans Meyer.

»Wenn ich mit dem System Weihnachten im gesicherten Mittelfeld bin, dann können wir drüber reden. Aber nach einem Spieltag werde ich mich hüten, meinen Kopf so weit aus dem Fenster zu halten. Doch wenn Sie schreiben, Hans Meyer hat ganz alleine gewonnen, dann haben Sie natürlich recht.«

(Nach einem 1:0 gegen Bayern München im ersten Saisonspiel)

»Seit drei, vier Wochen haben die Spieler keine Angst mehr vor mir.«

(Auf die Frage, warum es bei Borussia Mönchengladbach so gut läuft)

»Ich gehe in **keine Spielbank**, kaufe **keine Schweinefarm**, wo mir die Schweinepest später alles kaputtmacht. Ich mache **keine Weltreisen**, gebe **keine Party** für 50.000. Ich gehe alle vier Jahre mal **für 5.000 Mark Klamotten einkaufen**, das war's.«

(Auf die Frage, wie er privat sei)

»Meine Frau lässt mich nicht in den Garten, weil ich die Rosen nicht vom Blumenkohl unterscheiden kann.«

»Ich verspreche euch: Wir verlieren nie wieder!«

(Am Ende der Saison zu den Fans)

Silvia Matthäus, die erste Ehefrau des Weltstars, beichtet in einer ruhigen, lotharfreien Minute gänzlich Gegensätzliches, fast intim Zärtliches aus dem Seelenleben des Fußballprofis:

»Er braucht mich nach jedem Training, vor allem aber nach einem verkorksten Spiel. Da möchte er am liebsten nichts mehr hören und nichts mehr sehen, sondern sich nur noch in irgendein Eckchen verkriechen. Aber er rappelt sich immer wieder auf – und zieht uns auch aus dem tiefsten Schlamassel wieder hoch.«

Die Leistungen des **Wilfried Hannes** in der Bundesliga sind ein kleines Wunder – denn er hat seit seinem siebten Lebensjahr **nur noch ein Auge**. Damit ein Tumor nicht auf das Gehirn übergreift, entfernte man ihm sein rechtes Auge. Doch Hannes schaffte es mit **bedingungslosem Ehrgeiz,** diesen Makel zu besiegen. Er wurde sogar Nationalspieler. Auch wenn er weiß, dass die Behinderung ihn tagtäglich immer wieder einholt und jedermann sie erkennt: »Mir fehlt das räumliche Sehen. Deshalb muss es einem Zuschauer manchmal komisch erscheinen, wie ich mich zum Ball postiere. Aber **völlig falsch stehe ich meines Erachtens selten**.«

Wilfried Hannes bleibt überraschend in Gladbach – dabei hat er dem 1. FC Köln schon fest zugesagt, wie zuvor allerdings auch schon Mönchengladbach: »Ich habe ja nach außen hin so getan, als ob der Wortbruch gegenüber Jupp Heynckes, dem ich vor drei Wochen die Vertragsverlängerung versprochen hatte, nichts sei. Aber innerlich hat das schon an mir gezehrt. Stundenlang habe ich mit meiner Frau darüber diskutiert. Ich weiß, dass der 1. FC Köln von mir enttäuscht ist, aber ich konnte nicht anders entscheiden.«

»Ich habe spekuliert, dass er spekuliert.«

(Thomas Broich)

»Ich hoffe, dass dieses Spiel nicht mein **einziges Debüt** bleibt.«

(Sebastian Deisler nach seinem ersten Länderspiel)

»Schöne Hereingabe – und dann wird Marek Heinz zum Heinz.« *(Jörg Wontorra)*

»In Gladbach ist so etwas bestimmt 20-mal passiert. Das gehört dazu. Ich find' das gut.«

(Stefan Effenberg über eine Ohrfeige, die Lizarazu im Training Matthäus verpasste)

»Ach Quatsch, ich geh jetzt erst mal duschen.«

(Martin Max direkt nach einem Spiel, in dem er drei Tore erzielte, auf die Frage, ob er in dieser Saison wieder Torschützenkönig werden wolle)

Lehrsätze & Weisheiten

von & mit Lothar Matthäus

»Die Schuhe müssen zum Gürtel passen.«

»Ja, der **Rücken** ist die **Achillesferse** des Körpers.«

»Wenn man sich einredet, man ist müde, dann ist man müde.«

»Ein Wort gab das andere – wir hatten uns nichts zu sagen.«

»Man sollte die Presse nicht wichtiger machen, wie sie wichtig gemacht wird.«

»I look not back, I look in front.«

»Der Schuh weiß am besten, wo ihn der Fuß drückt.«

»Ein Lothar Matthäus spricht kein Französisch.«

»Ich hab gleich gemerkt, das ist ein **Druckschmerz**, wenn man **draufdrückt**.«

Bereits als Jugendnachwuchsspieler besetzt Lothar Matthäus in frühen Jahren stundenlang den einzigen Fernsprechapparat in der Sportschule Wedau. Ein Kollege erinnert sich: »Manchmal reichte die Schlange den ganzen Flur hinunter. Es konnte dauern, bis der Lothar alle Probleme mit seiner aktuellen Freundin besprochen hatte.« Das kostet natürlich auch Geld. Schon in den 1990er Jahren merkt der KSC-Spieler Michael Harforth süffisant an: **»Mein Grundgehalt ist so hoch wie die monatliche Telefonrechnung von Lothar Matthäus.«**

Sein erster Profitrainer in Mönchengladbach, **Jupp Heynckes**, erinnert sich genau an die ersten Tage mit dem Jungtalent: »Ich ließ sie fünf gegen zwei spielen, im Kreis. Da kam der Lothar und haute denen auf die Socken. Die Älteren haben natürlich geschimpft. Da hat der Lothar sich hingestellt und gemeint: ›Mensch Jungs, ihr **müsst doch merken, dass ich hier bin!**‹«

Ein Haudrauf und ein **Pedant** ist er auf und neben dem Platz: »Als ich in der Nationalmannschaft immer wichtiger wurde, habe ich mir teilweise Sorgen gemacht, ob meine Mitspieler auch die richtigen Socken zu ihren Ausgehanzügen tragen.«

Frank Mill, Lothar Matthäus und Winfried Schäfer schenken ihrem Berater Norbert Pflippen eine Langspielplatte mit dem Titel »Super, Spitze – Flippi Witze«.

Starschnitt
Lothar Matthäus

»Ich, was meine Person betrifft, entscheide für mich alleine.«

»Wir dürfen jetzt nur nicht den Sand in den Kopf stecken!«

»Wir sind eine gut **intrigierte** Truppe.«

»Ein Lothar Matthäus lässt sich nicht von seinem Körper besiegen, ein Lothar Matthäus entscheidet selbst über sein Schicksal.«

Bernard Dietz erinnert sich, dass Matthäus zur EM 1980 eigentlich nicht mitfahren wollte. Seine Begründung: »Ich han doch schon den Urlaub mit meiner Verlobten gebucht!«

»Das Chancenplus war ausgeglichen.«

»Ich lebe in einer Seifenblase.«

Von Kopf bis Fuß:

Lothar Matthäu

Gut schlafen besse spieler

...ab' ich vor allen Dingen vor ...hen, mit denen ich unmit... ...men lebe und arbeite. ...l meine Freundin, zum ...Trainer Jupp Heynckes. ...h nicht, daß ich Leuten, ...enne, keine Achtung ... Beim Schiedsrichter ...drungen angebracht.

VORBILD:
Ich habe kein Vorbild. Davon halte ich nicht viel. Man sollte sich an seiner eigenen Stärke messen.

ZUSCHAUER:
Die Fans sollten objektiver sein. Bei uns in Gladbach sind sie ja von früher her ziemlich verwöhnt und bleiben zu

Lothar Matthäus tauchte wie ein Komet am Fußballhimmel auf. Er schien die Welt im Sturmlauf erobern zu wollen. Der junge Mann aber spürte bald, daß auch der Fußball nicht nur Sternstunden bringt.

SCHLAF:
Früher, als Jugend- und Amate... ...ler, kam ich mit sechs Stunden ... aus. Heute brauche ich schon zehn, elf Stunden, um wiede... sein.

GELD:
So viel kann ich zum Geld nich... Ich hab' nämlich noch nicht vi... Ich will hoffen, mir später...

»Wie lange Lothar Matthäus mit seinen jetzt 38 Jahren noch spielt, ist für uns alle eine bewegende Frage. Wenn ich ihn und seine Fitness so sehe, würde ich sagen – warum nicht noch mit 60, wenn er das mit seinem **Job als Bundeskanzler** vereinbaren kann?«

(Mehmet Scholl)

»Wenn Lothar so weitermacht, wird er Schwierigkeiten haben, für sein **Abschiedsspiel** gegen die Nationalelf **eine Mannschaft zusammenzukriegen.**«

(Mario Basler)

»Pässe der Marke Lothar Matthäus – da möchte man Ball sein.«

(Johannes B. Kerner)

»Den habe ich bei der EM 1980 beim 3:0 gegen Holland mal eingewechselt. Und schwups, nach drei Minuten hatte er den ersten Holländer umgelegt.«

(Jupp Derwall)

»Lothar kennt seinen Körper am längsten, weil er der Älteste ist.«

(Erich Ribbeck über die Legende Lothar Matthäus)

»Ich bin ganz zufrieden mit meiner Figur, auch wenn manchmal ein Pfund zu viel drauf ist. Das macht mir nichts aus. Im Gegenteil, das **stabilisiert**.«

(Wolfram Wuttke)

10. April 1993, 1. FC Köln – Borussia (1:2): Michael Klinkert, Peter Wynhoff und Martin Dahlin jubeln nach dem Schlusspfiff.

»Ich bin zwar ein alter Hase, aber noch lange kein alter Gaul.«

(Frank Mill)

Gladbach verliert 2:3 in Leverkusen gegen knüppelharte Bayer-Spieler, und Ewald Lienen serviert das Bonmot des Tages: **»Der Konzern schädigt die Umwelt und die Mannschaft den Fußball!«**

»Die Kölner erschrecken heute noch, wenn sie den Namen **Peter Wynhoff** nur hören!«

(Kommentator Jörg Dahlmann erinnert sich bei einem Traditionsmannschaftsturnier an die alten Zeiten, als Wynhoff gegen den FC immer für ein Tor gut war.)

Hennes Weisweiler ist nicht gerade optimistisch: »Meine nächste und **schwierigste** Aufgabe wird sein, dass ich **Berti** beibringe, sich in das **Kombinationsspiel einzuschalten.**«

»Ich bin der linke, mittlere, defensive Offensivspieler.«

(Christian Ziege)

»Meinen Beruf als Fußballprofi übe ich sehr gern aus, aber meine Frau liebe ich. Privat muss bei mir alles stimmen. Noch heute kann ich sicher sein: Wenn ich mich vor einem Spiel einmal mit Silvia streite, spiele ich garantiert schlecht. Zum Glück kommt das selten vor.«

(Lothar Matthäus)

»Da hätte ich früher zu meiner Zeit einen ganzen Schrank voller Karten gehabt.«

(Gladbachs Trainer Friedel Rausch zu einem umstrittenen Platzverweis seines Stürmers Markus Feldhoff)

Juli 2005: Abschiedsspiel von Stefan Effenberg, und Claudia kommt in Begleitung kleiner Tiger.

Hinter jedem starken Mann steht eine starke Frau. So auch bei Gladbachs blondem Jungprofi Stefan Effenberg: »Sie ist keine Disco-Maus, die freitags und samstags ausgehen will. So eine brauche ich nicht. Martina sonnt sich nicht in meinem Licht. Sie hilft mir. Ich will nach ganz oben. Und **Martina ist eine Frau, die mir den Rücken stärkt und ihn mir freihält. Eine Frau, wie ich sie brauche!**« Und so eine sollte man natürlich festhalten, am besten sogar heiraten. Doch wann? Effenbergs Terminkalender ist prall gefüllt. Aber der Gladbach-Profi sieht das ganz locker und pragmatisch: **»Irgendwann werde ich schon mal wegen der vierten Gelben Karte pausieren müssen.«** Dann ergibt sich in der Winterpause aber doch noch eine andere Möglichkeit. Der von vielen schon als **»Wuttke vom Bökelberg«** verschriene Effenberg bricht sich während des Urlaubs im Schnee das Steißbein – beim Rodeln. Zwar ist vertraglich fixiert, dass alle Winteraktivitäten verboten sind, aber Effenberg meint ganz cool: **»Ich lasse mir nicht vorschreiben, was ich alles machen darf und was nicht!«**

»Wenn der Jupp in jedem Spiel zwei Tore schießt, dann soll er seine Meniskusreizung ruhig weiter pflegen.«

(Uli Stielike über seinen eigentlich verletzten Mannschaftskameraden Jupp Heynckes, der trotzdem immer wieder aufläuft)

»Ich merke, dass ich wie 31 reagiere, aber nicht immer wie 31 rede.« *(Wolfgang Kleff)*

»Damit kann ich auch dann gut essen, wenn Lolita mal nicht zu Hause ist.«

(Lothar Matthäus zum Abschluss eines Werbevertrags mit einer Tiefkühlkostfirma)

»Nein, es finden montags wirklich keine **Parteiversammlungen** statt.«

(Hans Meyer in einem Interview auf die Frage: »Merken Ihre Spieler, dass da ein Trainer aus einer anderen Welt kommt?«)

Starschnitt

Jörg Stiel

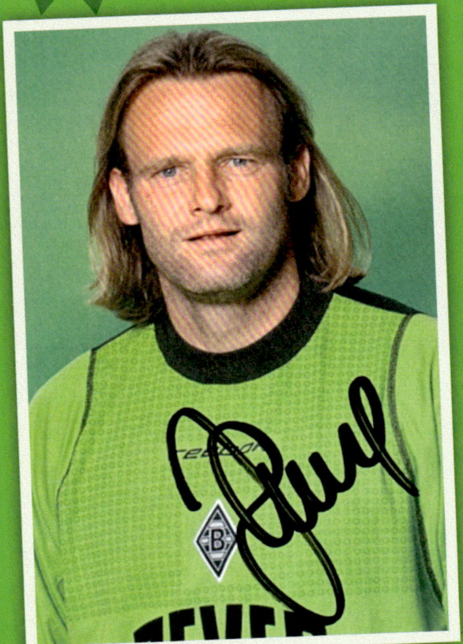

»Hören Sie mal zu: Es ist einfach so, auswärts haben wir dieses Jahr scheinbar ein Problem. Ich habe ca. **97 Prozent meines Gehirns** abgesucht, wo das Problem liegt. Es fehlen nur noch drei Prozent. Geben Sie mir **noch eine Woche,** dann habe ich die drei Prozent auch noch abgesucht und **dann sage ich Ihnen, woran das liegt**.«

(Auf die Frage, warum sein Team nur zu Hause gewinnt)

»Ein Schuljahr hat mir so toll gefallen, dass ich es gleich noch einmal genossen habe.«

(Auf die Frage, wie er in der Schule gewesen sei)

»Hoffentlich kommt jetzt keiner auf die Idee, dass wir das jede Woche machen.«

(Zum fünftägigen Trainingslager vor einem Sieg in Wolfsburg)

»Wir haben Dienstag ein wichtiges Spiel. Da brauche ich meine Handschuhe.«

(Zu einem Fan auf Trophäenjagd)

»Wir dürfen uns jetzt nicht selber **Salz in die Augen streuen!«**

(Gladbachs Keeper nach einem glücklichen Pokalsieg)

»Ich ärgere mich eigentlich über jedes Tor. Nur bringe ich mich mit meinen 33 Jahren auch nicht gleich dafür um. Und das ist auf der anderen Seite das Schöne am Fußball: die Vergänglichkeit. Nichts ist so vergänglich wie Fußball.«

»Wie soll ich die Szene beurteilen? Ich kann doch **keine zwei Meter weit** sehen.«

(Der Kontaktlinsenträger, befragt zu einem Handspiel von Leverkusens Keeper Butt)

»Jörg Stiel ist in letzter Zeit ein gefragter Interview-partner. Er verdient dabei mehr Geld als bei uns.«

(Hans Meyer)

»Ich muss erst abwarten, wie er drauf ist. Vielleicht hat er sich eine Gehirnzerrung zugezogen.«

(Peter Neururer über Wolfram Wuttke)

»Rehhagel geht mit Goethe ins Bett, ich mit meiner Frau.«

(Friedel Rausch)

Spaß unter Gladbachern: 1.000 Mark muss der Reservist **Wilfried Hannes** bei der WM 1982 in Spanien nach einer verlorenen Wette zahlen. Der Gewinner des Geldes ist niemand Geringeres als sein Tribünen-nachbar **Lothar Matthäus**. Der Gladbacher Jungspund hatte gewettet, dass er ein Plakat mit der Aufschrift **»Hannes ist der Beste«** mit ins Stadion schmuggelt und dort hochhält. Gesagt, getan. Und so zerschneidet Matthäus ein Betttuch, leiht sich vom Hotel-personal Farbe und macht sich an die Arbeit. Schnell verdientes Geld und eine Riesen-gaudi für die ganze Mannschaft!

Starschnitt

Marc-André ter Stegen

»Ich werde immer **ein Gladbacher** bleiben.«

»Wer sind schon Casillas oder Neuer?«,
hieß es am letzten Spieltag der Saison 2013/14 auf Dankes-Spruchbändern im Stadion.

»Dass Marc Bundesligatorwart wird, **hätte auch meine Frau erkannt.«**
(Roland Virkus, Direktor Jugend und Amateure)

»Am Trainer.«
(Auf die Frage, woran der Höhenflug in der Saison 2013/14 liege. Gemeint war Lucien Favre.)

Saison 1992/93: Die Geschichte hatte sich angedeutet. Mitte Oktober sollte sich Gladbachs Trainer Jürgen Gelsdorf noch einen neuen Vereinsanzug aussuchen. Mit einem gequälten Lächeln fragte er einen anwesenden Journalisten: **»Na, was meinen Sie? Lohnt sich das überhaupt noch?«** Dann ging es auf einmal tatsächlich ganz fix. Gerade war Jürgen Gelsdorf noch der Coach von Borussia Mönchengladbach, kurz darauf war er schon als Trainer des VfL Bochum aktiv. Der gebürtige Duisburger hatte damit den schnellen Wechsel vollzogen. Weil er bei den Gladbachern nicht mehr zurechtkam, kündigte er am Bökelberg und unterschrieb quasi direkt in Bochum. Überall war man zufrieden. Beim VfL Bochum, weil man endlich einen neuen Coach hatte, und in Gladbach, weil man »einen Neubeginn machen« konnte (Präsident Drygalsky).

»Dieser Mensch siegt von Niederlage zu Niederlage.«

(Jürgen Gelsdorf über Udo Lattek)

»Freundschaften zählen für mich sehr, aber nicht in diesem Geschäft. Ich habe Jürgen Gelsdorf vor die Tür gesetzt, und der war sogar mein Trauzeuge.«

(Reiner Calmund)

Schiedsrichter

»Jetzt scheiß dir mal nicht vor dir selber in die Hose, Mann!«

(Wolfram Wuttke zu einem Linienrichter)

»Daran sind nur die Schiedsrichter schuld, da bin ich ganz **selbstkritisch**.«

(Markus Osthoff zu seinen vielen Gelben Karten)

»Wir haben nicht das Recht, jede Entscheidung des Schiedsrichters zu kommentieren. Der **lacht sich ja auch nicht tot,** wenn wir einen Fehlpass spielen.« *(Ewald Lienen)*

»Der Linienrichter hatte wohl einen Holzarm.«

(Frank Mill nach einem Spiel, in dem ständig Abseits gegeben wurde)

»Immer mehr werden die Schiedsrichter zu Leuten, die am meisten auf die **Lebenserwartung** von uns Trainern drücken.«

(Jürgen Gelsdorf)

Starschnitt
Udo Lattek

»Ich habe festgestellt, dass ich ein **Fachidiot** bin. Ich habe **Trainer** gelernt, und ich **kann auch nichts anderes**.«

»Ich habe alle gekriegt, die ich wollte. Nur bei meiner Frau: Da war ich es, der **eingekauft** wurde.«

»Die großen Trainer haben schließlich alle gesoffen: **Weisweiler, Happel, Zebec. Und ich gehöre ja auch zu den Großen.«**

»Ich gehe in kein Casino, **meine Spielhölle ist der Fußballplatz,** da bin ich voll ausgelastet.«

»Wenn in einem Verein mal der Haussegen schiefhängt, sollte ein Trainer nicht versuchen, bedingungslos die Wände danach auszurichten.«

»Es gibt Stunden, wo einem absolut nichts einfällt, aber es gibt Jahre, wo einem noch weit weniger einfällt.«

»Zukunft, das ist die Zeit, in der du bereust, dass du das, was du heute tun kannst, nicht getan hast.«

»Manchen Trainerkollegen kann ich nur sagen: Hätten sie was Gescheites gelernt, dann müssten sie sich dem Stress nicht aussetzen.«

»Das Schlimmste ist, wenn sich ein Trainer nach dem Präsidium richten muss, weil er **Angst vorm Rausschmiss** haben muss. Uli Hoeneß hat mal versucht, mir reinzureden. Da habe ich gesagt: ›Pass auf, **Uli, geh du lieber in dein Büro zum Erbsenzählen** und Geldschichten. **Wenn du noch mal was auf der Bank sagst, fliegst du runter.**‹ Da war das Thema erledigt.«

»Ich bin an der Schwelle zum Lebensabend angelangt, und abends wird es bekanntlich dämmrig. Aber wenn im Stadion die Flutlichtanlage angeht, dann wird's wieder hell in meinem Leben – als käme da noch mal so was wie ein Morgen.«

»Ich bin kein Bürositzer, das ist nicht meine Welt. Als Sportdirektor in Köln habe ich dagesessen, Kaffee getrunken, telefoniert, Zeitung gelesen. Und draußen trainierten die Jungs an der frischen Luft. Da kannst du sie loben oder in den Arsch treten – aber es ist in jedem Falle Leben drin.«

»Sie können ruhig etwas lauter nicken!«

UEFA Pokal: Udo Lattek und Masseur Charly Stock feiern den 1:0-Sieg gegen Roter Stern Belgrad.

»Früher gab es kein Ozon, eher mal einen Tritt in den Arsch.«

(Rolf Rüssmann)

»Achtung an alle Presseleute! Ewald Lienens Mundwinkel haben gezuckt und sich nach oben bewegt.« *(Stefan Grothoff, Moderator)*

Aus Spanien meldet sich Rainer Bonhof und weiß nach seinem Wechsel zum FC Valencia, dass woanders auch nicht immer gut Kirschen essen ist:

»In Deutschland ist das ja noch alles harmlos. In Spanien **tritt dich der Abwehrspieler in die Luft** und **nimmt dich per Dropkick, wenn du runterkommst**.«

Rainer Bonhof zusammen mit Berti Vogts im Urlaub

»Zu Potofskis größten Leistungen zählt sicher, Günter Netzer vor laufenden Kameras zum Lächeln gebracht zu haben – **ohne Gewaltanwendung**.«

(»Bild am Sonntag«)

»Wenn ich **Durchmarsch** habe, muss ich immer Kohletabletten nehmen.«

(Norbert Meier auf die Frage, ob ein Durchmarsch von der dritten in die erste Liga denkbar ist)

»Natürlich sind die Spieler nicht glücklich, die auf der Bank sitzen. Was glauben Sie denn? Denken Sie, die kommen frühmorgens vorbei und **bringen mir ein Körbchen Eier**, oder was?« *(Hans Meyer)*

»Soll ich den Spielern etwa auf die Fresse hauen, damit die Spannung erhalten bleibt?«

(Ewald Lienen)

»So große Schuhe gibt es doch gar nicht, um damit alle Brände auszutreten.«

(Bernd Krauss)

»Es kommt wieder die Zeit, da kriegen meine Kritiker keinen Tropfen Tinte mehr in ihren Füller.«

(Wolfram Wuttke)

Ewald Lienens Frau Rosi feilt am Image ihres Mannes: »Viele Fans wollen nicht begreifen, weshalb mein Mann keine Autogramme schreibt. Die halten das für Arroganz. So ein Unsinn. Der Ewald setzt sich halt lieber hin und **quatscht mit den Leuten ihre Probleme aus**.«

Die Mutter von Günter Netzer über ihren Buben: »**Er hat sich schon als Junge immer etwas abgesondert.** Der Günter war zu allen gut Freund, doch wenn seine Kameraden draußen auf der Straße aufhörten mit ihrem Fußballspiel, dann redete er noch ein paar Minuten mit ihnen und kam dann nach Hause. **An den Ecken ist er nie herumgestanden.** ›Die reden doch bloß blödes Zeug‹, sagte er zu mir.

Von der EM 1980 berichtet Matthäus: »Ich telefonierte jeden Tag zweimal mit meiner Verlobten Silvia, und da habe ich mich dann zum ersten Mal geärgert, denn das Hotel hat so hohe Telefongebühren verlangt, dass ich nach der ersten Rechnung bald umgefallen wäre vor Schreck. Kaum eine Minute hatte ich mit Silvia telefoniert, da wollten die mir über 6.000 Lire aus der Tasche ziehen, das waren etwa 14 Mark. **›Bin ich denn ein Multimillionär?‹,** fragte ich den an der Rezeption. Von dem Augenblick an habe ich überall Münzen gesammelt und es vom öffentlichen Fernsprecher aus versucht. Nur hat der meist nicht funktioniert. Das hat mir dann ganz schön gestunken. Irgendwie habe ich es aber doch geschafft, jeden Tag zweimal mit Silvia zu telefonieren.«

»Ich betrachte meinen Klub als mein Eigentum.«

(Manager Helmut Grashoff)

»Wer für sein Geld volle 90 Minuten Fußball sehen will, sollte am besten schon einen Tag vorher anreisen.«

(Bernd Müllender in der »Financial Times Deutschland« zu der Verkehrsanbindung des neuen Borussen-Parks)

Sitzen ist für'n Arsch: Proteste am Bökelberg gegen die Versitzplatzung der Stadien Mitte der 1990er Jahre.

Starschnitt
Berti Vogts

»Das Spielfeld war zu lang für Doppelpässe.«

»Ein Spieler wie Michael Ballack sollte sich mal selbstkritisch selber hinterfragen.«

»Du musst positiv denken. Und der positivste Gedanke: **Dem nehme ich jetzt den Ball weg!«**
(Zu Thomas Berthold)

»Geht doch zum Schiedsrichter und lasst euch von dem ein Autogramm geben. Der hat mehr Grund zum Jubel!«
(1971 zu Autogrammsammlern nach einer Partie, bei der er mit der Leistung von Schiedsrichter Karl Riegg nicht zufrieden war)

»Bei Umfragen schneide ich besser ab als der Kanzler.«

»Ich fresse seit Monaten so vieles in mich hinein, aber ich werde immer dünner**.«**

»Meine Kritiker mögen ja alle recht haben; ich glaube trotzdem, dass ich **etwas rechter** habe.«

»Die rechte Außenbahn: die **Problemzone** von Berti Vogts.« *(Bela Rethy)*

»Mama, sag Papa nicht, wie sehr ich mich auf Paris gefreut habe.«

(Justin Vogts, WM 1998)

»Wenn der Berti **Direktricen** ausgibt, da müssen sich alle dran halten!«

(Heinz Kwiatkowski über Berti Vogts Trainingsmethoden)

»Wenn ich einmal ein Buch schreibe, dann schreibt das meine Frau.«

»Er hat für die UEFA vor 50 europäischen Trainern die EM analysiert. Das machst du nicht, bloß weil du früher ein paar Gegner abgegrätscht hast.« *(Reiner Calmund)*

»Er ist die Korrektheit in Person. Ich glaube, der bügelt sogar jeden Morgen seine Sorgenfalten glatt.«

(Bernd Schuster)

Allan Simonsen und Rainer Bonhof beim Training

»Der Karajan der Tartanbahn.«

(Jörg Dahlmann über Winfried Schäfer)

»Ich wasche meine Hände in Unschuld!«

(Standardantwort von Frank Mill zu den Schiedsrichtern nach einem Foul)

Nach einem 1:0 gegen die Bayern am 17. Spieltag der Saison 1976/77 freuen sich die Gladbacher auf einen kleinen Trip in die Sonne. Rainer Bonhof: **»Jetzt machen wir 'ne Sause. Verlasst euch drauf. Die haben wir uns redlich verdient. Ab Montag machen wir in Las Palmas so richtig Halligalli!«**

»Man muss den Fuß auf die Beine stellen.«

(Udo Lattek)

»Schade, dass die Afrikaner fehlen.«

(Uli Stielike beim Blick auf die EM-Auslosung)

»Ich habe tolle Spieler, wunderbare Schwiegersöhne – aber ich brauche auch die dreimal geschiedenen, denen das Wasser bis zum Hals steht. **Mir fehlt die Dreckigkeit.**«

(Norbert Meier)

Allan Simonsen und seine Frau (1977)

»Fußball ist wie in der Natur. Die starken Tiere fressen die schwachen Tiere schnell weg. Und wenn ich die Tabelle angucke, sehe ich, dass wir gerade im Moment eher zu den schwachen Tieren gehören. Und da ich nicht gerne gebissen werde und lieber zurückbeiße, werde ich die Mannschaft versuchen zu motivieren, **ab jetzt, und am liebsten schon am kommenden Sonntag, zurückzubeißen.**«

(Heiko Herrlich)

»Die Spieler, die sich für kritische Worte taub stellen, die dürfen sich nicht wundern, wenn man sie eines Tages auch für blind hält.«

(Jupp Heynckes)

»Ich bin der Hans Albers der Bundesliga. Der konnte saufen wie ich und auch arbeiten.«
(Udo Lattek)

»Als ich das erste Mal am Profitisch saß und die große Schüssel Pommes kam, sagte ich: ›Bitte, nehmt doch zuerst.‹ Die Schüssel kam leer zurück. Da verstand ich, du musst lernen, dich zu behaupten.«
(Oliver Bierhoff)

»Ich sag immer: Ein Stürmer schießt ihn rein, ein Mittelfeldspieler legt ihn quer, und ein Verteidiger schießt ihn halt rüber.«
(Stefan Effenberg)

Linksfüßler mit der großen Offensivkraft: Frontzeck findet zu alter Stärke zurück. Er hofft auf einen neuen Höhenflug und auf die WM-Teilnahme

Das Dings von links

»Im Profifußball kannst du dir Träume nicht erlauben. Da musst du, wenn du weiterkommen willst, hellwach sein.« *(Michael Frontzeck)*

Starschnitt
Hans Meyer

Hans Meyer im Jahr 1990, damals war er Trainer in Chemnitz.

»Weil ich so geldgeil bin.«

(Auf die Frage, warum er seinen Vertrag noch einmal verlängert habe)

»Vielleicht erledigen sie ihre **ehelichen Pflichten.** Das wäre nicht das Schlimmste.«

(Über das Programm seiner Profis in der Mittagspause)

»Wenn es gar nicht mehr läuft, können wir ja immer noch den Trainer entlassen.«

(Nach einer Niederlage)

»Das Profigeschäft ist hart, und die Umwandlung des DDR-Sports geschieht wie in der Wirtschaft. Aber zum Glück haben wir keine **Treufußanstalt**!«

»Nur 20 Prozent der Spieler halten sich im Urlaub an die Vorgaben des Trainers. Mindestens 50 Prozent erholen sich nach dem Motto: Wer sich bewegt, der wird erschossen.«

»Das kann ich jetzt nicht sagen. Sonst bekomme ich Probleme, wenn meine Frau an Heiligabend mit dem Päckchen mit der Feinripp-Unterwäsche ankommt.«

(Auf die Frage, ob ein Punkt bei den Bayern das schönste Weihnachtsgeschenk sei)

»Ich weiß, wie schnell man Denkmäler aufbaut und wie schnell man sie anpinkelt.«

(Nach zwei Siegen in Folge im Abstiegskampf)

»Ich bin auch nur ein Passant, der den Verein ein Stück begleitet.«

»Wir haben in der einen oder anderen Situation unsere Impotenz bewiesen.«

»Jetzt gehe ich erst einmal nach Hause und mache ein Fläschchen von dem Sechs-Mark-Sekt auf. Wir sind nämlich arme Leute und kaufen bei Aldi.«

(Nach einem Auftaktsieg der Gladbacher gegen die Bayern)

»In jedem Kader gibt es **fünf richtig blöde Spieler**. Von denen würde einer auf jeden Fall unter der Brücke landen, wenn er nicht Fußball spielen würde.«

(Über den Bildungsstand der deutschen Profis)

»Das wird eine schöne Heimfahrt. Einen Punkt geholt und zudem waren die Jungs eine Woche nicht bei der Mutti.«

(Nach einem 1:1 in Stuttgart)

Gladbachs Busfahrer Heinz Wallrath behält auch im Tabellenkeller seinen Humor. Er erzählt den Spielern, dass er leider entlassen worden sei. Der Klub habe auch schon einen neuen Mann verpflichtet. Es sei der ehemalige Busfahrer von Bayer Uerdingen. Irritiertes Schweigen. Dann will die Mannschaft endlich wissen, warum es denn zu dem Wechsel gekommen sei? Wallrath trocken: **»Der kennt die Stadien der zweiten Liga besser als ich!«**

Berti Vogts: »Wenn es schlecht lief, dann musste ich Günter immer anfeuern, sonst hätte er aufgesteckt.« Und Netzer sagt: »Ich hatte immer genug mit mir selbst zu tun, ich konnte mich nicht auch noch um andere kümmern.«

»Es fing schon damit an, dass der Schiedsrichter überhaupt angepfiffen hat …«

(Hannes Bongartz)

»Der schlaue Berti verschlüsselt seine vielen Notizen in Ziffern, Zeichen und Privatkürzeln. Der Mann ist raffinierter als sein Image.«

(Focus)

»Meine Freundin Bettina und ich sind am vierten August 1976 Zigaretten holen gegangen. Wenn wir noch nicht zurück sind, sprechen Sie auf unseren Anrufbeantworter!«

(Christian Ziege)

»Der Gewinner vergleicht seine Leistung mit den eigenen Zielen, der Verlierer vergleicht seine Leistung mit der Leistung der anderen.«

(Heiko Herrlich)

»Alleine vom Abnehmen spielt man nicht automatisch besser Fußball.«

(Jupp Heynckes über Angreifer Kahe, der sechs Kilo abgenommen hatte)

»Ich habe so viele Fehler gemacht, darüber könnte man ein **dickes Lehrbuch** schreiben.« *(Christoph Kramer)*

»Das war eine Hormonausschüttung, wie ich sie zuletzt mit fünf Jahren im Phantasialand hatte.«

(Tobias Levels nach seinem ersten Bundesligator)

»85 Kilo reine Muskeln, nicht aufzuhalten, wenn die einmal in Bewegung sind, das ist wie 'n Kampfhund, den kriegst du nicht mehr weg, da hast du keine Chance mehr, ›Baschi‹ ging ab wie Schmidts Katze, definitiv.«

(Der Duisburger Joachim Hopp über Bachirou Salou)

»Ich habe gewusst, dass wir noch einmal ein Heimspiel gewinnen. Nach dem Motto: Wenn's lange regnet, wird jeder mal nass.«

(Hannes Bongartz)

»Ich traue mir auch zu, **Vorwärts Honolulu** erfolgreich zu trainieren.« *(Jupp Heynckes)*

Den Klassenerhalt mit Borussia Mönchengladbach feiert im Mai 1991 der russische Nationalspieler Igor Belanow ausgiebig. Zu später Stunde **hängt er sich an eine Lampe** und schaukelt unter der Decke ausgelassen durch das Restaurant. Die versammelte Mannschaft applaudiert kräftig, bis Belanow unter dem Gejohle **auf dem Hosenboden landet.** In der Hand hält er die aus der Decke gerissene Lampe. Am nächsten Tag geht es zum Arzt. Belanow hat sich eine **schmerzhafte Verletzung am Steißbein** zugezogen.

Udo Lattek ist auch ein Mann für die kleinen, feinen Details eines Fußballspiels, wie er bei der Auswärtsniederlage seiner Gladbacher in Berlin beweist: »Was sich die Balljungen geleistet haben, ist eine Frechheit. Bei Ausbällen haben sie mit dem Ball herumgetändelt und so das Spiel verzögert.« Trockener Konter des Vizepräsidenten der Hertha, Heinz Striek: »Es gibt eben schnelle und langsame Balljungen!«

Norbert Meier:

Das 2:1 war ein Muscheltor. So heißt das auf Hamburgerisch.

(Darauf Gladbachs Trainer Horst Köppel: »Im Schwäbischen gibt es für solche Tore kein Wort.«)

Igor Belanow (l.) und Norbert Meier üben das Jubeln im Studio.

Starschnitt
Günter Netzer

»Ich musste immer nur ins Tor, weil ich immer der Kleinste war.«

»Ich persönlich habe mir bei jedem Trainingslager überlegt, ob ich aufhöre, Fußball zu spielen.«

»**Kopfball** war für mich immer so etwas **Ähnliches wie Handspiel**.«

»Da kam aus drei Metern ein **Rehhagel** angeflogen oder **Willi Schulz** mit seiner **Blutgrätsche**. Wir wurden vom Gegner verfolgt. Die wollten am Spiel gar nicht teilnehmen. **Die haben uns die Lust am Fußball genommen**.«

(Über das Leben eines Spielmachers zu seiner Zeit)

18. Mai 1974: Als erster »sportstudio«-Gast trifft Günter Netzer fünfmal an der Torwand.

»Der Günter Netzer war nie ein Fußballer im eigentlichen Sinn. Der ist nach Las Vegas geflogen, hat seinen Nachtklub gehabt und lauter solche Sachen. Die paar Jahre, die er sich konzentriert hat, ist er schon gelaufen. Danach konnte er halt nicht mehr. **In Las Vegas, da kriegst halt keine Kondition.**«

(Franz Beckenbauer)

»Und dann knallt der uns mit seinem falschen Fuß dat Ding in den Giebel. Wenn der drübergegangen wäre, hätte er auf der Tribüne einen Mensch erschossen.«

(Der Kölner Spieler Heinz Simmet über Günter Netzers legendäres Siegtor im Pokalfinale gegen Köln, nachdem Netzer sich selbst eingewechselt hatte)

»Wenn Günter Netzer wehenden Haupthaars und mächtigen Schritts aus der Tiefe des Raums kam, wurde Sport zur Kunst.«

(Zeitungskommentar)

»Abseits is, wenn dat lange Arschloch zu spät abspielt.«

(Hennes Weisweiler)

Der Gladbacher Lothar Matthäus hat Mumm in den Knochen. Nach dem Spiel gegen die Bayern lässt er zwei Bälle für Autogramme durch deren Kabine gehen. Als Wolfgang Dremmler an der Reihe ist, fragt er argwöhnisch in die Runde: **»Für wen sind die?«** Antwort der anderen: **»Lothar Matthäus!«** Dremmler: **»Dann streicht meine Unterschrift schnell wieder!«** Ist aber nicht böse gemeint: Der Bayern-Spieler musste an diesem Tag nach einem Foul an Matthäus nur vorzeitig das Feld verlassen!

Jupp Heynckes startet auch seine Trainerzeit (Assistent von Udo Lattek) sehr erfolgreich. Das Diplom besteht er mit einem »Gut« – und spart 10.000 Mark. Denn seiner Ehefrau hatte er vorher versprochen: »Wenn ich schlechter als mit der Note Zwei abschneide, lasse ich freiwillig einen Pelzmantel im Wert von 10.000 Mark springen!« Aus sicheren Quellen wurde aber bekannt: Gefroren hat Frau Heynckes im Winter dennoch nicht!

»Wir sind alle **Interimstrainer**. Ich habe nur **keinen Vertrag**.«

(André Schubert während der Hinrunde 2015/16 nach seinem sechsten Sieg in Folge als Gladbacher Interimstrainer. Kurz darauf wurde er zum Chefcoach befördert.)

Autogrammkarte der Saison 2015/16

»Wir sind so eine **liebe und brave** Truppe. Uns kannst du am Sonntag geschlossen in die Kirche schicken – keiner wird protestieren.«

(Hannes Bongartz)

»Wir wissen alle, dass Mario eine schöne Frisur hat. Aber über meine Frisur geht nichts.«

(Marco Reus bei der EM 2012 auf die Frage einer ausländischen Reporterin, ob er wisse, dass seine Frisur noch schöner sei als die von Teamkollege Mario Gomez)

»Fünf Minuten.«

(Sebastian Deisler auf die Frage, wie lange er seiner Meinung nach bei seinem Nationalelf-Comeback gegen Kuwait spielen könne)

»Wir waren in der ersten Halbzeit über 90 Minuten die überlegene Mannschaft.«

(Claus Reitmaier)

»Wenn du liegen bleibst, dann muss schon das Bein **gebrochen** sein.«

(Christian Ziege über die Härte im englischen Fußball)

Starschnitt Ewald Lienen

Ewald Lienen
geb. 28. 11. 1953, Borussia Mönchengladbach
Diltheystr. 49, 4050 Mönchengladbach

»Stuttgart hat sich im Prinzip **den Finger in der Nase abgebrochen.**«

»Als ich in **Duisburg** war, war Friedhelm Funkel in Uerdingen. Dann war er in Duisburg und ich in **Rostock**. Jetzt ist er in Rostock und ich in **Köln**. Ich hoffe nur, dass er nicht bald nach Köln kommt.«

(Was kurze Zeit später tatsächlich geschah.)

»Ich habe ihn ausgewechselt, weil ich einen anderen Spieler einwechseln wollte. Da musste ich einen auswechseln.«

»Das Spiel heute war ein wichtiges Spiel. Die elf Spiele zuvor waren wichtige Spiele, das Spiel am Freitag gegen Mönchengladbach wird ein wichtiges Spiel, und die folgenden 21 Spiele werden auch wichtige Spiele. Alle Spiele sind wichtig.«

Frau Rosi Lienen verrät nach einem Telefonat mit ihrem Mann: »Das war Ewald, der macht sich Gedanken um seine **Kohlenhydrate**. Er geht jetzt ein Steak essen.«

»Wer es wagen sollte, am Weiberdonnerstag rauszugehen, der braucht hier, solange ich Trainer bin, nicht mehr aufzulaufen.«

(Zu seinen Spielern nach drei Niederlagen in Serie)

»Das sah ja nicht sehr attraktiv aus, wie der Ball so über mich hinweggeflogen ist und die Mittelfeldspieler fast eine Halsentzündung bekommen hätten.«

(Über die Spielweise seines Teams)

»So eine Serie hatte ich zuletzt als 13-Jähriger bei TuS Schloß Holte.«

(Über den Höhenflug seines Teams)

Ewald Lienen 1980

»Hier hat dreieinhalb Jahre ein **fantastischer Trainer** gearbeitet, der unter anderen politischen Umständen heute Trainer bei **Bayern München** oder **Borussia Dortmund** sein könnte.«

(Ewald Lienen über seinen Vorgänger Hans Meyer)

»Ich bin ja schon müde, wenn ich einmal über dieses Spielfeld gehe.«

(Über die schwierigen Platzverhältnisse am Gladbacher Bökelberg)

Der mehrmalige Deutsche Meister weiß, was man seinen Ehrengästen und Journalisten schuldig ist. Bei Borussia Mönchengladbach sorgen **Hostessen** in **kurzen Röcken** und **hochhackigen Schuhen** für das perfekte Wohl der Gäste. Überall ist man voll des Lobes. Die feschen Mädels kommen in den Klubräumen, der Cafeteria »Schwalbennest« und im »Presse-Olymp« mit ihrer charmanten Art und dem gepflegten Äußeren verständlicherweise riesig an.

Bei einem Spiel der Gladbacher gegen den HSV wird nur Horst Wohlers des Feldes verwiesen, obwohl auch der Hamburger Magath getreten und gehauen hat. Wohlers rechtfertigt seinen Tritt: »Ich habe es nicht gerne, wenn mir jemand ins Gesicht schlägt. Und schon gar nicht, wenn das ein Magath tut!«

Seine letzte Saison für die Borussia fängt für **Berti Vogts** schon nicht gut an. Beim Pokalspiel in Wuppertal erleidet er einen schweren Beinbruch. Die Anhänger des WSV rufen gehässig: **»Vogts, du musst ins Altersheim!«** Wie recht die Zuschauer haben, ahnt damals noch niemand. In seiner Abschiedssaison macht der Gladbacher nur noch sechs Spiele.

»Ich will keine Privilegien, ich hasse Hierarchien. Ich bin sicher ein Vorbild für die deutsche Jugend, deshalb versuche ich auch, mich möglichst gut und korrekt zu verhalten.«

(Lothar Matthäus)

»So einer wie der **Effenberg**, der hätte in den 70er Jahren nicht gespielt, nicht die Koffer getragen – der hätte bestenfalls den **Ball eingefettet**.«

(Buffy Ettmayer)

»In Spanien gelten erst mal alle Deutschen als Kleinbürger. Aber ich bin doch kein Kleinbürger! Ein Kleinbürger ist für mich einer, der beim Anbrennen einer Suppe Selbstmordgedanken kriegt!«

(Jupp Heynckes)

»Jeder Spieler hat seine Dienste in den Dienst der Mannschaft zu stellen.«

(Günter Netzer)

»Dann Wolfram Wuttke. **Schuhgröße 38.** Aber in diesen krummen Zwergenfüßen steckt so viel Gefühl.«

(Jörg Dahlmann)

Starschnitt
Lothar Matthäus

»Komm, Schatz – und jetzt einen Zungenkuss für die Herren von der Presse.«
(Zu seiner Freundin)

»Die Ersatzspieler sollen sich ruhig verhalten, ins Zimmer gehen und in ihr Bett beißen.«

»Ich werde schon kritisiert, wenn ich zu einem Tor von mir nicht noch die Vorlage gebe.«

»Der Muskel hinten links hat zugemacht.«

»Ich glaube schon, dass ich in manchen Situationen schlagfertig bin. Schlagfertigkeit heißt, sofort das zu antworten, was ein Schlauberger hinterher gern hätte gesagt haben will.«

»Und wenn dein Reden auch stockfalsch und blödsinnig ist: Hauptsache, du tust wieder den Mund auf.«

»Der Lothar kann den Fußball gut rüberbringen. Ihm ist von Gott die **Gabe der Rede** gegeben worden.« *(Egidius Braun)*

»Ich verspüre zum ersten Mal seit Langem den Wunsch, einen Namen komplett aus meinem Gedächtnis zu streichen: Lothar Matthäus.« *(Uli Hoeneß)*

»Natürlich spielt der Lothar nicht, wenn er plötzlich aus Altersgründen **ein Bein nachziehen** sollte.«
(Erich Ribbeck über die Nationalmannschafts-Perspektiven des Rekord-Nationalspielers)

Gastrolle bei „Cobra 11"

Lothar Matthäus zerlegt seinen Mercedes auf der Autobahn

Lothar Matthäus' Gastrolle bei Cobra 11

Oh, Lothar, was ist denn da passiert? In der neuesten Folge von „Alarm fü Cobra 11" zerlegt der Fußball-Star seinen Mercedes.

»Der soll ruhig sein, den mussten wir doch zwei Jahre lang durchschleppen!«
(Oliver Kahn)

»Ich hab früher schon in der Westkurve gestanden und Lothar Matthäus beschmissen.«
(Mario Basler)

»Ich bin noch immer auf der Piste, wenn so mancher Neuwagen längst schon verschrottet ist.«

Gladbachs Günther Thiele klagt: **»Ach, wäre ich doch besser in Düsseldorf geblieben. Die wollen aus mir hier einen Schlangenmenschen machen. Aber ich bin doch ein Rammbock da vorne drin. Ich muss doch meinen Körper einsetzen können.«** Nach einem langen Gespräch mit Trainer Jupp Heynckes und der Einsicht, dass er zu viel wiegt (»Zehn Pfund hatte ich zu viel drauf«), nimmt der Stürmer schließlich ab. Vor allem auch, weil er nicht mehr täglich an seinen alten Heimatverein denkt: Novesia Neuss. Die Schokolade gleichen Namens war stets sein bester Freund!

Günther Thiele bei Arbeiten am Haus (1985)

»Als Trainer arbeitslos zu sein, ist so wie Liebesentzug von deiner Frau.«

(Winfried Schäfer)

»Danach bin ich nass geschwitzt und möchte am liebsten gleich mitspielen, so intensiv redet er auf die Spieler ein.«

(Manager Rolf Rüssmann über seinen Trainer Friedel Rausch)

Uwe Rahn hat eine engagierte Nachbarin: **»Den Huberty von der Sportschau rufe ich garantiert an, wenn der nächstes Jahr wieder so wenige Spiele mit den Gladbachern bringt. Die Nummer habe ich mir schon besorgt.«**

Günther Thiele mit seiner Freundin Angela van Moll (1988)

»Wenn man kein Tor erzielt, kann man nicht unentschieden spielen, wenn der Gegner eins macht, und schon gar nicht gewinnen.«

(Armin Veh)

Frank Mill erinnert sich an einen ehemaligen Mitspieler bei Borussia Mönchengladbach sehr gerne zurück: »Mit **Wolfgang Kleff** hattest du immer was zu lachen. Eines Mittags ist er noch kurz in der Boutique seiner Frau vorbeigefahren und hat sein Jackett ausgetauscht. Irgendwie meinte er, am Nachmittag müsste er etwas schicker aussehen. Nur hatte Kleff vergessen, dass er am Morgen noch auf der Geschäftsstelle seinen Gehaltsscheck abgeholt und in die Innentasche gesteckt hatte. Als er am nächsten Tag frühmorgens nervös den Laden betrat, strahlte ihn die Verkäuferin schon von Weitem an: ›Herr Kleff, Sie glauben es nicht. Aber das Jackett, das Sie gestern zurückgebracht haben, **habe ich noch am gleichen Nachmittag verkauft**.‹« Dumm gelaufen.

Jetzt ist auch Borussia Mönchengladbachs Keeper Wolfgang Kleff ins „große Geschäft“ eingestiegen. Fast gegenüber von der N... Diskothek ...

Mit Schecks hatte es der Gladbacher Torhüter offensichtlich sowieso nicht so, wie Frank Mill in einer anderen Geschichte schmunzelnd erzählt: »Der Kleff hat seine ganze Autogrammpost von der Geschäftsstelle immer hinten in den Kofferraum seines Autos geladen. Und eines Tages war die Kiste so dicht, dass er voller Verzweiflung zur nächsten **Müllkippe** gefahren ist, um die ganzen Briefe auf einen Streich zu **entsorgen**. Dummerweise hatte ihm die Dame von der Geschäftsstelle nicht gesagt, dass sie oben drauf einen Umschlag mit dem **Gehaltsscheck** gepackt hatte. Aber Kleff war es natürlich zu peinlich zu erzählen, wie der Brief weggekommen war.«

»Fußball wird in so vielen Ländern gespielt. Das heißt: Anderswo wird mit anderem Wasser anders gekocht.«

(Rainer Bonhof)

»Ohne meine **eiserne Disziplin** hätte ich das Studium nicht geschafft.«

(Oliver Bierhoff über seinen erfolgreichen Abschluss als Diplom-Kaufmann nach 13 Jahren Studium an der Fernuniversität Hagen)

»Das ist Woche für Woche das Gleiche: Training, Trainingslager, Spiel. Alles dreht sich um den Ball, und der gibt so viel auch nicht mehr her.«

(Hannes Bongartz)

»Es war immer mein Traum, bei einer WM dabei zu sein. Bei Italia 90 saß ich mit einer Fahne vorm Fernseher.«

(Sebastian Deisler)

»Was man nicht sieht, kann man nicht halten.«

(Claus Reitmaier)

»Wenn das ein Elfmeter war, höre ich auf mit Fußball.«

(Granit Xhaka zu einer umstrittenen Szene, als er Josip Drmic vom 1. FC Nürnberg von den Beinen holte, Saison 2013/14)

»Sie haben einen Fuß wie ein Bügeleisen.«

(Rudi Gutendorf über Rolf Rüssmann)

»Mein **Schatten** war heute schneller als ich.«

(Arie van Lent)

»Wenn du zu Frantisek Straka sagst, **friss den Gegner auf** – dann schluckt der 'ne Portion Knoblauch und frisst den Gegner auf!«

(Trainer Uwe Reinders über den tschechischen Nationalspieler)

»Ja hallo, hier spricht Carl Lewis.«

(Christian Ziege damals Hertha Zehlendorf, als Uli Hoeneß anrief)

Günter Netzer hat die Schnauze voll. Im Sommer 1967 vier Wochen durch Südamerika, sieben Spiele unter sengender Sonne und das alles nach einer harten Saison. Nee, nicht mit einem Netzer, dachte sich Günter und trat nach 14 Tagen die Rückreise an – ohne jemanden zu fragen: **»Ich hatte damals einfach Heimweh.** Ich war noch nicht reif für solch einen langen Trip mit einer Fußballmannschaft. Die Rückreise war übrigens ein Abenteuer für sich. Ich hatte ja kein Ticket, kaum Geld. Ich weiß nur noch, dass ich irgendwie den Panama-Kanal überquert habe, um nach Hause zu kommen.« Die Gladbacher Mannschaftskameraden sind verständlicherweise **stinksauer**. Sie fordern eine sofortige Erhöhung der Prämien, schließlich müssen sie für den heimgereisten Netzer **Mehrarbeit** verrichten, und drohen mit **Abreise**. Beyer und Grashoff geben klein bei und erfüllen ihnen fast jeden Wunsch.

Bei einem Spiel des HSV in Gladbach bekommt Frank Mill nach einer angeblichen Attacke des HSV-Verteidigers Groh einen Elfmeter zugesprochen – der wohl keiner war, wie er selbst schmunzelnd zugibt: **»Ich war froh, dass ich nach einem 60-Meter-Spurt endlich lag!«**

»Ich habe einen Zahnarzttermin, bekomme ein neues Gebiss. Ich werde nicht beim Training sein. Schreibt deshalb nicht, ich wäre gefeuert.« *(Hans Meyer)*

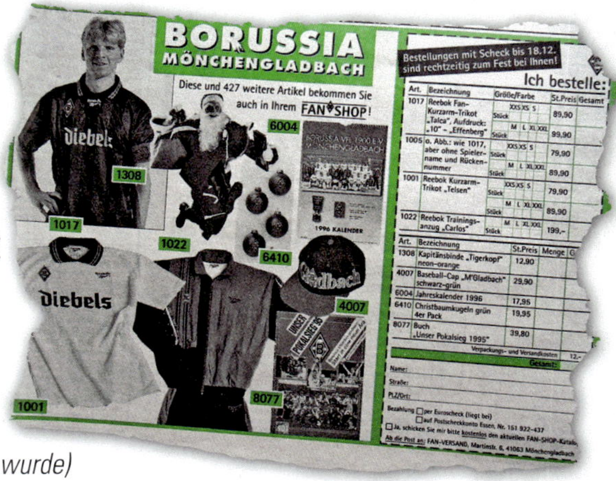

»Jeder ist schon mal mit 1,07 Promille gefahren.«
(Stefan Effenberg, nachdem er bei einer Polizeikontrolle erwischt wurde)

»Ich würde gerne nach Dubai, um auch mal die andere Seite, den Osten Europas, kennenzulernen.«
(Lothar Matthäus)

Die Weisheiten des Günter Netzer

»Der Kopf denkt, der Fuß versenkt.«

»Da sieht man, dass die Torwächter in all den Jahren mit den Feldspielern nicht mitgewachsen sind.«

»Eine Persönlichkeit im Fußball erweist sich auf dem Platz – und nur dort und nirgendwo anders.«

»Man muss feststellen, dass der Spruch auch nicht mehr stimmt, dass der Schütze nicht selber schießen soll. Ich stelle fest, dass der Schütze sehr wohl den Elfmeter selber schießt.«

»Die Tragik des Fußballs ist, dass Schönheit nicht immer erfolgreich ist.«

»Das Leben fängt an, wo Fußball aufhört.«

»Ich bin heute noch nicht darüber weg, dass wir damals das Europacup-Finale in Düsseldorf verloren haben. Aber zum Glück reißen sie ja das Rheinstadion jetzt ab.«

(Hans Meyer über das Europacup-Finale 1981 mit Carl Zeiss Jena gegen Dynamo Tiflis)

Gladbachs Trainer **Jupp Heynckes** treibt künstlich die Ablösesumme von Lothar Matthäus in die Höhe. Weil er weiß, dass Matthäus bereits bei den Bayern unterschrieben hat und eine Konventionalstrafe von 150.000 Mark bezahlen muss, falls der Transfer doch nicht zustande kommt, bietet die Borussia ihrem Spieler das Wahnsinnsgehalt von 474.000 Mark. Der besondere Clou: Jupp Heynckes greift für dieses Scheinangebot auch in seine eigene Tasche. 50.000 Mark kommen aus seiner Privatschatulle.

Harald Nickel (l.) und Wilfried Hannes nach dem 4:4 in Köln

Am neunten Spieltag der Saison 1979/80 führt der **1. FC Köln** gegen Borussia Mönchengladbach zur Halbzeit mit 3:0. Es droht ein Debakel für die Fohlen. Und was tun die Kölner? Sie laufen in der Pause zu den Gladbachern und »heucheln«, wie sich Ewald Lienen erinnert: »Es tut uns ja so leid, aber da kann man eben nichts machen!« Die Gladbacher sind stinksauer. Zwischenzeitlich drehen sie die Partie komplett: 4:3. Am Ende gibt es ein Unentschieden. Lienen: »Die Kölner hätten uns einfach ihr Mitleid nach unserem 0:3-Rückstand nicht so deutlich fühlen lassen sollen, dann hätte es am Schluss höchstwahrscheinlich kein 4:4 gegeben.«

Man muss die Sache einfach nur einmal andersherum sehen. Nach Gladbachs 6:0-Niederlage in Stuttgart am dritten Spieltag der Saison 1987/88 sagt Hans-Jörg Criens: »Zehn Tore hätten wir mindestens kriegen können, nur sechs haben wir kassiert. Da können wir zufrieden nach Hause fahren.«

»Wir sind als Fünfter an fünfter Stelle dahinter.« *(Oliver Bierhoff)*

»Wir haben mit offenen Karten geredet.«
(Mike Hanke über ein Gespräch mit Jupp Heynckes)

»Das ist Wahnsinn! Da gibt's Spieler im Team, die laufen **noch weniger** als ich!«
(Toni Polster nach einer Niederlage)

»Ich werde nicht akzeptieren, dass gesagt wird: ›Die Mannschaft ist ein **Scheißhaufen**.‹ So einfach ist es nicht. Logisch sind wir ein Scheißhaufen. Aber das ist nicht der einzige Punkt.«
(Christian Ziege)

Starschnitt
Hennes Weisweiler

»**Dat war Fußball**.‹ Wenn er diesen Satz aussprach, dann war das wie eine Goldmedaille bei Olympia. Ich habe ihn nicht oft gehört«, sagt **Jupp Heynckes** und lächelt. Und wie der auszusehen hat, umschreibt **Hennes Weisweiler** so: »Tore, Tore, Tore. Ihr dürft vier Gegentore kassieren, aber ihr müsst 5:4 gewinnen. 1:0 will ich nicht.« Denn: »Der Sinn des Fußballspiels ist es, mehr Tore als der Gegner zu erzielen – und nicht, weniger Tore als der Gegner zu kassieren.«

»Freund, wenn du jetzt nicht spurst, dann bist du in zehn Minuten draußen!«, sagte Trainer Hennes Weisweiler zu Bernd Rupp. Und Rupp weiß, was die Stunde geschlagen hat. Den Halbzeitstand von 2:0 für Werder münzt die Mannschaft noch in einen 3:2-Auswärtssieg um. Rupp selbst erzielt dabei den 2:2-Ausgleich.

Zu **Günter Netzer** pflegt Hennes Weisweiler eine Hassliebe, wie Wolfgang Kleff erzählt: »Wenn der Günter mal wieder seine Zerrung hatte, gab es verschiedene Versionen Weisweilers. ›Weißte was, fahr zwei Wochen nach Gran Canaria‹, hieß es, wenn Hennes den erneuten Versuch machte, ohne ihn auszukommen. Kaum dass der Günter weg war, da hat der Weisweiler uns heiß gemacht, als ginge es um alles. Wenn er aber den Netzer nötig hatte, hat er alles versucht, um den wieder gesundzusprechen.« Weisweilers Lieblingsspieler **Berti Vogts** muss häufig zwischen ihm und Günter Netzer vermitteln. Das läuft dann ungefähr folgendermaßen ab. Weisweiler: **»Sagen Sie dem Langen, er spielt nicht!«** Wenige Minuten später kommt Vogts von Netzer zurück und übermittelt dem Trainer: **»Sag dem Alten, er kann mich mal!«**

Irgendwann im Jahr 1972 geht es dann mit den beiden nicht mehr weiter, wie Netzer sagt: »Weisweiler ist der beste Trainer, den man sich wünschen kann. Aber wir kommen immer wieder an den Punkt, wo ein Arrangement nicht mehr möglich ist.« Da helfen auch keine Versöhnungsbierchen mehr. Denn im Trainingslager im Parkhotel Süchteln erlaubt Weisweiler seinen Spielern vor dem Zubettgehen immer noch ein Glas Bier. Weisweiler bestellt stets ein Alt. Ein besonderes. Denn während die Gläser der Spieler 0,2 l fassen, gehen in das Glas des Trainers 0,3 l hinein. Bis heute kann man im Parkhotel ein **»Trainer-Alt«** bestellen!

Starschnitt
Uli Stielike

»Mal ist die Suppe dick, mal ist sie dünn … nur wenn nix Flüssiges drin ist, gibt es einen ätzenden Geruch.«

»Muss man jemandem mit Engelszungen zureden, hat ihn meist schon der Teufel an den Hammelbeinen.«

»Schuld ist der Mangel der Quantität an Qualität.«

»Ein Spiel gewinnt man am besten mit dem Konzept des Gegners.«

Europapokal der Landesmeister 1976/77: Viertelfinale Rückspiel gegen den FC Brügge (0:1). Uli Stielike zittert am Spielfeldrand mit.

»Dieses fehlende Gespräch hat uns eben gefehlt.«

(Zur Aufgabe seines Jobs als Ribbeck-Assistent)

»Allein wegen seiner **Sakkos** müsste man ihn **entlassen**.«

(Hans Krankl zu Uli Stielikes Geschmack in Sachen Bekleidung)

»Im Wort ›verdienen‹ ist auch ›dienen‹ mitinbegriffen. Und ich weiß noch, was das bedeutet. Auch wenn ich damit in der heutigen Zeit vielleicht eine Ausnahme bin.«

»Als er das Sakko kaufte, hat sogar der Blindenhund geknurrt.«

(Sepp Maier)

»Für die anderen war ich ein Star, aber ich habe mich gefühlt wie eine Glühbirne, die einsam von der Decke hängt – **nackt**.«

(Sebastian Deisler)

Ulrik Le Fèvre war der erste Borusse, der das »Tor des Monats« erzielte (1971 das 6:0 beim 7:0-Sieg über Schalke 04).

»Lattek ist eine Stimmungskanone. Durch die Bank mit Schwatzpulver geladen.«

(»Bild«)

»Es gibt nichts Schöneres als eine grüne Wiese mit zwei Toren.«

(Friedel Rausch)

»Wir haben in den Bergen des Urwaldes Gorillas gesehen, haben uns flach auf den Boden gelegt, um sie nicht zu provozieren. Wenn ich so was vor der Presse erzählte, da sagen doch alle: Hoffentlich geht er bald zurück zu den Affen.«

(Berti Vogts)

»Die ganze Bundesliga ist hinter mir her, Bayern München, alle. Ich kann mich kaum retten vor Angeboten. Von daher muss ich mich irgendwann mal entscheiden.«

(Mike Hanke ironisch in einem Formtief)

»Die Deckung hat Angst vor ihrem schwachen Torwart. Deshalb spielt sie so gut!«

(Udo Lattek)

»Da ist schon einiges auf den Platz geflogen – unter anderem ein Snickers. Ich werde hier viel Neues erleben, was ich aus Gladbach so nicht kannte. Auswärtssiege zum Beispiel.«

(Marcell Jansen nach seinem Wechsel von Gladbach zum FC Bayern München)

»Ein Trainer kann nicht allein nur darauf hoffen, dass Spieler mit sich selbst ins Gericht gehen. Da kommt nur Freispruch raus, höchstens mal Bewährungsstrafe.«

(Jupp Heynckes)

»Jupp Heynckes weiß genau, wer raucht, und **zählt deine Bierchen.** Das war bei Udo Lattek anders. Der hat selbst am meisten gesoffen.«

(Klaus Augenthaler)

Bundesliga-Bestechungs-Skandal
Uli Stein belastet Bongartz
Lust auf Kirsche
Bundesliga aktuell
Otto nicht zu stoppen
Montag
Bild
Urlaubs-Baby
Schreinemakers: Ich bin so glücklich
Atom-Protest
Airbus entführt
NATO und

»Natürlich bin ich auch ein Zweifler. Aber ich sage Ihnen auch: Der Zweifelnde zweifelt an sich selbst zuletzt.«

(Hannes Bongartz)

»Über Ziege gibt's nichts zu meckern.«

(Uli Hoeneß)

»Man fragt sich doch, ob Skibbe **noch alle Tassen im Schrank** hat, wenn er so einen Mist erzählt, dass er mich noch mal beobachten will, meine Laufwege studieren, und das **nach 15 Jahren Bundesliga**.«

(Martin Max zur Ankündigung, ihn im Hinblick auf die EM zu beobachten)

»Wer kann sich noch an Ewald **Lienens aufgeschlitzten Oberschenkel** erinnern? Mit ihm kann ich jetzt im Partnerlook gehen.«

(Christian Ziege, nachdem ihm wegen eines Blutergusses der Oberschenkel aufgeschnitten worden war)

»Von **Bierhoff** halte ich nichts. Ob der jetzt mal ein Spiel gut spielt oder schlecht, das ist mir egal. Das ist ein Stürmer, der immer nur hofft, dass ihm der Ball auf den Kopf kommt.«

(Gerd Müller)

»Ein guter Fußballer grätscht nicht.« *(Armin Veh)*

Ein Schussel ist der Keeper **Wolfang Kleff** bei einem **Europacup-Spiel** der Gladbacher. Als Kleff noch seinen Strafraum von **Klopapierrollen** befreit, ist das Spiel schon wieder angepfiffen. Seine Mitspieler rufen energisch: »Schnell, zurück ins Tor!« Doch da kracht ein **Fernschuss** bereits über den Kopf von Kleff **in den Gladbacher Kasten.**

Gladbach feiert den Gewinn der **Meisterschaft 1971** standesgemäß und ausgiebig. Nach dem Titelgewinn geht das Team gleich auf eine Tingeltour durch Süddeutschland. Als vor dem allerletzten Spiel gegen den **1. FC Haßfurt** die Zeit des Abschieds gekommen ist, liegt man sich noch spät in der Nacht in den Armen. Laumen, Dietrich, Luggi Müller und Köppel verlassen den Klub. Ihr Ausstand wird feucht-fröhlich. Vielleicht ein wenig zu feucht. Am nächsten Tag steht Köppel an der Seitenlinie, um einen **Eckball für Gladbach** auszuführen. Wie Tausende Male zuvor läuft er an, holt aus – und kracht mit dem rechten Fuß volle Kanne in die Eckfahne. Die Kugel kullert ins Feld, und da alle Mann sich vor Lachen die Bäuche halten, ergreift der **Terrier** als Erster die Initiative. Mit einem Sprint der Extraklasse will er den Ball erobern, rennt einige Meter schwungvoll los – und muss dann abrupt abstoppen. Mit einer **Zerrung** humpelt Vogts vom Platz. Der kuriose Eckball von Haßfurt wird zur Legende.

Herbert Laumen

»Ich brauche das Spiel, sonst kriege ich einen Herzinfarkt.«

(Winfried Schäfer)

Fußball bereitet unter **Hennes Weisweiler** allen Beteiligten ein großes Vergnügen. Kein Wunder also, dass noch lange nach Weisweilers Tod viele seiner Ex-Profis in der Bundesliga aktiv sind. Köppel: »Weisweiler hat uns allen so viel Spaß am Fußball vermittelt, dass sich keiner von uns vorstellen konnte, einen Beruf ohne Fußball zu ergreifen. Das ist wohl das Gemeinsame an uns Ex-Borussen, auch wenn wir sonst recht unterschiedliche Charaktere haben.«

»Wir werden herausfinden, wie das Ausgleichstor zustande kam, und wenn wir den finden, der es verschuldet hat, werden wir ihn **erschießen**.«

(Hans Meyer)

»Wer sich über mein Englisch lustig macht, kriegt eins in die Fresse.«

(Kommentar von Lothar Matthäus, nachdem er bei »Wetten, dass …?« Stefan Raab einen Fußball ans Kinn geschossen hatte)

»Die Pfiffe gegen mich – so was kann kein Mensch vergessen. Auch in 50 Jahren nicht.« *(Stefan Effenberg)*

»Meine Mutter hat früher immer gesagt, sie wünsche sich **artige Kinder,** ein Albtraum für mich. Ich wünsche mir **artige Spieler.**« *(Hans Meyer)*

Seit den erfolgreichen 1970er Jahren sind die Fohlen in der Saison 1983/84 aus Mönchengladbach etwas erlahmt. Zeit also für neue Methoden? Auf jeden Fall geht auf der Geschäftsstelle der Gladbacher eine seltsame Postsendung ein: die alte Heeresdienstvorschrift 12, »Anleitung zum Umgang mit Pferden und zur Reiterausbildung« aus dem Jahr 1937! Sehr eigenartig. Oder auch nicht. Adressiert ist der Brief nämlich an das Borussen-Vereinsmagazin: »Fohlenecho«!

In Gladbach gibt es in der Saison 1987/88 eine echte **Opposition**. Nach über 25 Jahren versucht erstmals eine Gruppe, bei der Jahreshauptversammlung an die Macht zu kommen. Einer der Herren trägt sogar einen prominenten Namen: **Jimmy Hendrix**. Da der Musiker bereits tot ist, klärt sich recht schnell, dass »Jimmy« der Spitzname des Bauunternehmers Hans-Wilhelm Hendrix ist. Am Ende scheitern die Oppositionellen jedoch kläglich.

250 Mark muss **Lothar Matthäus** für eine Gelbe Karte wegen Ballwegschlagens in die Gladbacher Mannschaftskasse zahlen. Kurz vor Weihnachten gut angelegtes Geld, wie Kassenwart und Masseur **Charly Stock** erfreut verrät: »Jetzt habe ich wieder einen schönen Betrag, den ich für **Päckchen in die DDR und nach Polen** verwenden kann.«

Weisweiler ist ein Mann, der das Spiel wirklich liebt – und ein **weiches Herz** hat. Spieler, denen man nach wenigen Sekunden im Probetraining ansieht, dass es nichts wird, lässt Weisweiler häufig mehrere Einheiten mitmachen: »Jetzt können die einmal in ihrem Leben mit Vogts, Netzer, Heynckes oder Laumen trainieren. Soll ich ihnen diese kleine Freude auch noch nehmen?«

Starschnitt Hans Meyer

»Ich habe Möhlmann vorher gesagt, dass wir uns auf eine Punkteteilung einigen können. **Aber das hat der Schweinehund nicht mitgemacht.«**

(Nach einer 0:1-Heimniederlage gegen Arminia Bielefeld)

»Dass ich bei Twente später eine Vertragsverlängerung bekam, war dann kein Zufall mehr. Offensichtlich waren sie von meiner Schönheit so begeistert.«

»Das Trainingsgelände war hier mein Heiligtum. Platzwart Erich Hage hat mit der Gartenschere das Unkraut gerupft. Wenn sich ein **Rabe** auf dem Rasen niedergelassen hatte, wurde der **erschossen**.«

(Über alte Jenaer Zeiten)

»Überall in Mitteleuropa fehlen die Bedingungen für den Straßenfußball – deshalb müssen wir ihn im Training simulieren. **Bisher wird nur jeder Mist von oben kopiert:** Die haben noch keine Muskeln zum Stretchen, da dehnen die schon.«

»Bemerkenswert finde ich die Tatsache, dass 3.000 unserer Fans in St. Pauli waren, und davon waren höchstens 2.000 wegen der Reeperbahn da.«

»… und ihr Fans habt es am allermeisten verdient, dass die Mannschaft demnächst nicht mehr in dieser scheiß 2. Liga spielen muss!«

(Beim Empfang der Aufstiegsmannschaft auf dem Alten Markt in Mönchengladbach)

»Dann werde ich sagen: ›86 Prozent.‹«

(Auf die Frage, ob man ihn im Falle eines Heimsiegs über Nürnberg auf den Aufstieg ansprechen dürfe)

»Ich glaube, er hat ein Rudel gebildet.«

(Nach einer Roten Karte seines Spielers)

»Ich habe einen **Albtraum:** Ich sitze in der Kabine und komme nicht in die Schuhe. Draußen wird schon gespielt, wir liegen 0:3 zurück – ein Horror!«

»Ich fordere nicht, dass der Verein **Millionen** in die Infrastruktur investiert, wo wir das Geld doch für Verstärkungen in der Winterpause und meine **Nichtabstiegsprämie** brauchen.«

»Ich habe versucht, sechs Spieler-Ehen zu retten. Eine gibt es noch. Die anderen fünf wollten mich töten, weil ich das Elend verlängert habe.«

Glückliche Ehen: Allan Simonsen mit seiner Frau und Horst Köppel mit Familie

Dick Advocaat (als Coach von PSV Eindhoven) und Luis van Gaal (als Trainer von Ajax Amsterdam) im Jahr 1995 vor einem Duell beider Klubs

»Ich spreche Deutsche mit Fehlern.«

(Dick Advocaat bei seiner Vorstellung im Borussia-Park)

»Sex vor einem Spiel? Das können meine Jungs halten, wie sie wollen. Nur in der **Halbzeit**, da **geht nichts**.«

(Berti Vogts)

»Wir haben iPads, iPhones, aber wir haben keine Torlinientechnik.«

(Tony Jantschke)

»Ja, sicher. Wir im Trainerstab benoten allerdings nach ›holländischen Noten‹. Das heißt, eine 1 ist die schlechteste Note und eine 10 die beste. Allerdings werden die 1 und 2 nie vergeben. Eine 3 erhält z. B. ein Spieler, den ich einwechsle und der sich dann so anstellt, dass ich ihn eigentlich sofort wieder rausnehmen müsste. Eine 5 ist die Durchschnittsnote und eine 8 gibt es immer nur für den Trainer. Die 9 und 10 gibt's auch nicht – die sind für die Götter.«

(Hans Meyer auf die Frage, ob er seine Spieler nach den Spielen benote)

»Man kann doch Spieler nicht nach der Devise einkaufen: ›Den wollen wir, den kriegen wir nicht, also nehmen wir den nächsten.‹«

(Karl-Heinz Drygalsky)

Rolf Rüssmann verschwindet in einem futuristischen Gerät. Er lässt sich von **»Chiro-Help«**, einer Gesundheitsmaschine für Wirbelsäulen- und Bandscheibenvorfälle, helfen und ist begeistert: »Im ersten Moment fühlte ich mich zwar wie ein Aufgehängter, aber dann habe ich gemerkt, dass es mir gut getan hat. Man hängt richtig locker herunter, so dass schnell Art und Ort von Verletzungen festgestellt werden können.«

»Jetzt sieht er aus wie ein frisch lackierter **Totalschaden**!«

(Mario Basler über den frisch geschorenen Glatzkopf Christian Zieges)

»Wenn wir hier nicht gewinnen, dann treten wir ihnen wenigstens den Rasen kaputt.«

(Rolf Rüssmann)

»Ich bin eigentlich ganz anders. Nur habe ich leider überhaupt keine Zeit dazu.«

(Berti Vogts)

»Der Regen kommt von Gott. Deshalb ist das kein Problem.«

(Dante auf die Frage, ob ihn der viele Regen in Deutschland störe)

»Trainingstechnisch liegen keine Welten zwischen Favre und Neururer, da liegt ein ganzes Universum dazwischen.«

(Christoph Kramer)

»Torwart Jörg Stiel sagte mal, ich wäre sein bester Trainer gewesen. Später erfuhr ich, dass er **nur zwei** hatte.« *(Hans Meyer)*

MG-N333

Ben Redelings …

… **ist Deutschlands erfolgreichster Fußball-Komiker,** außerdem ist er **Bestsellerautor,** Filmemacher und »der ungekrönte Meister im Aufspüren kurioser Fußballgeschichten« (»Deutsche Akademie für Fußballkultur«). Regelmäßig schreibt er für »Spiegel Online« sowie für die Magazine »11FREUNDE« und »Reviersport«. Nach Meinung der »Jungen Welt« tut er dies sogar »um Längen besser als Nick Hornby«.
1975 in Bochum geboren, wollte er eigentlich Lehrer werden. Nach dem ersten Staatsexamen siegte jedoch die Liebe zum runden Leder. Seine Fußballabende SCUDETTO sind **deutschlandweit** bekannt, regelmäßig ausverkauft und genießen mittlerweile Kultstatus.

Ben Redelings hat in den letzten Jahren zahlreiche Bücher im Verlag Die Werkstatt veröffentlicht, sein Buch »Fußball ist nicht das Wichtigste im Leben – es ist das Einzige« war der erfolgreichste Fußballroman 2008 und wurde für das »Fußballbuch des Jahres« nominiert.
»50 Jahre Bundesliga. Das Jubiläumsalbum« schaffte es mehrmals auf **Platz 1 der Sport-Bestsellerliste**.

Termine und Blog:
www.scudetto.de

Die bekanntesten Akteure der Bundesliga porträtiert in witzigen Sprüchen und lustigen Fotos

»Perfekt für jeden Hobby-Historiker mit Fußballsucht.« (WAZ)

ISBN: 978-3-7307-0219-2, € 16,90

www.werkstatt-verlag.de

Bundesliga-Alben
von Ben Redelings
Je 160 Seiten, Paperback
9,99 €
Ben Redelings Bayern Album
Unvergessliche Sprüche, Fotos, Anekdoten
Ben Redelings BVB-Album
Unvergessliche Sprüche, Fotos, Anekdoten
FC St. Pauli Album
Unvergessliche Sprüche, Fotos, Anekdoten
Ben Redelings Schalke Album
Unvergessliche Sprüche, Fotos, Anekdoten
Ben Redelings Werder Album
Unvergessliche Sprüche, Fotos, Anekdoten
Ben Redelings HSV-Album
Unvergessliche Sprüche, Fotos, Anekdoten
Ben Redelings Eintracht Album
Unvergessliche Sprüche, Fotos, Anekdoten rund um Eintracht Frankfurt
Ben Redelings FC-Album
Ben Redelings Borussia Album
Unvergessliche Sprüche, Fotos, Anekdoten rund um Borussia Mönchengladbach
Ben Redelings FCK-Album
Unvergessliche Sprüche, Fotos, Anekdoten rund um den 1. FC Kaiserslautern
VfL Ben Redelings Bochum Album
Unvergessliche Sprüche, Fotos, Anekdoten
Ben Redelings VfB-Album
Unvergessliche Sprüche, Fotos, Anekdoten rund um den VfB Stuttgart
www.werkstatt-verlag.de

Weitere Bücher zu Borussia Mönchengladbach

»Für Borussia-Liebhaber mit fester Tischunterlage ist die Historie in mehr als 1.000 Bildern sowie über 10.000 Zahlen und Fakten ein schwarz-weiß-grüner Traum.« (WAZ)

Markus Aretz (Hrsg.)
Borussia Mönchengladbach – Die Chronik
704 Seiten, Hardcover, Großformat, mit Schutzumschlag im Schuber, Lesebändchen und vielen Fotos
978-3-7307-0212-3
€ 89,90

Die große Chronik von Borussia Mönchengladbach hat eine kleine Schwester bekommen: die »Favre-Jahre« von 2010 bis 2015.

Markus Aretz, Michael Lessenich (Hrsg.)
Borussia Mönchengladbach
Die Chronik. Ergänzungsband 2010 bis 2015
176 Seiten, Großformat, Hardcover, viele Fotos
978-3-7307-0213-0
€ 19,90

Markus Aretz, Karsten Kellermann, Michael Lessenich
Borussias Legenden: 11 Torhüter
160 Seiten, A4, Hardcover, viele Fotos
ISBN: 978-3-89533-899-1
€ 19,90

Die Autoren verfolgen den Werdegang von elf legendären VfL-Torhütern, beschreiben ihre großen Gladbacher Jahre und befragen sie nach ihren Erinnerungen.

/verlagdiewerkstatt | www.werkstatt-verlag.de